U0948401

金融邦集团旗下德盛投资公司在广州股权中心挂牌上市（股权代码 890786）

金融邦辅导（地一站）在武汉股权中心挂牌上市（股权代码 100292）

金融邦辅导（立达恒安）在武汉股权中心挂牌上市（股权代码 100292）

▲ 作者的学生时代

▲ 作者的全家福

▼ 大连“与大师同行”演讲现场

作者（右）与亚洲第一名嘴张锦贵（左）

中国梦——与名师有约现场

在“与大师同行”演讲现场备受学员追捧

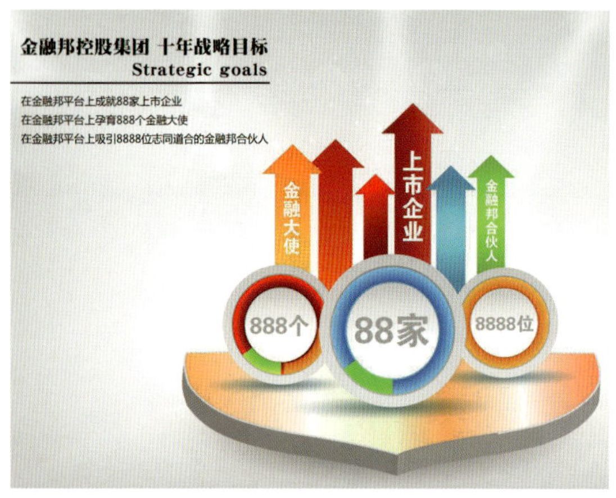

▲ 金融邦控股集团十年战略目标

▲ 金融邦控股集团广州总部

▲ 公司办公区

▲ 公司休息区

▲ 公司娱乐室

▲ 公司高尔夫练习场

互联网金融

——颠覆时代的金融革命

秦仁杰 著

中国财富出版社

图书在版编目（CIP）数据

互联网金融：颠覆时代的金融革命／秦仁杰著．—北京：中国财富出版社，2015.2

ISBN 978-7-5047-5547-6

Ⅰ．①互…　Ⅱ．①秦…　Ⅲ．①互联网络—应用—金融　Ⅳ．①F830.49

中国版本图书馆 CIP 数据核字（2015）第 020907 号

策划编辑　姜莉君　　**责任印制**　方朋远

责任编辑　苏佳斌　姜莉君　　**责任校对**　梁　凡

出版发行　中国财富出版社

社　　址　北京市丰台区南四环西路 188 号 5 区 20 楼　　**邮政编码**　100070

电　　话　010-52227568（发行部）　010-52227588 转 307（总编室）

010-68589540（读者服务部）010-52227588 转 305（质检部）

网　　址　http://www.cfpress.com.cn

经　　销　新华书店

印　　刷　北京京都六环印刷厂

书　　号　ISBN 978-7-5047-5547-6/F·2308

开　　本　710mm×1000mm　1/16　　**版　　次**　2015 年 2 月第 1 版

印　　张　14.5　　**印　　次**　2015 年 2 月第 1 次印刷

字　　数　188 千字　　**定　　价**　36.00 元

目录 Contents

第一章 一个金融魔术师的成长

大多数人的一生都是为了挣钱而活着，而你 90% 以上的烦恼都是因为钱，如果你不再因为钱而烦恼，那么你就少了 90% 的烦恼。

每一个站在金融市场风口浪尖的人，在乘风破浪的同时，也要时刻经受风吹浪打。这时候，他们都幻想着能拥有一颗参透未来的水晶球，不过，在现实生活面前，只有为数不多的幸运儿才能得到这颗助其成为先知的水晶球。

当读者朋友们在读完本书之后，或许会猜测：他拥有怎样一颗……下面，就先让作者介绍一下自己，让读者朋友们更进一步走近这位神奇的魔术师，仔细看看他的手上是否拥有那颗水晶球。

"仁杰"地灵

我出生在广西壮族自治区桂林市临桂区南部的六塘镇，一个山清水秀、人才辈出的地方，这里文风蔚然，在古代就曾出过三个状元，是出了名的"状元之乡"，此事也给当地带来了非常兴盛的文风。到了近现代，尚武精神兴起，这里不仅孕育出了李天佑、李宗仁、白崇禧等重量级的军事将领，而且诞生过两个奥运会冠军——为中国举重夺得12年来第一枚奥运金牌的唐灵生、2004年奥运会女子双人10米跳台冠军李婷。

正是因为有了如此多的古今名人，使得临桂在桂林乃至整个广西都有一定的影响力。当地人经常调侃道："广西人才聚桂林，桂林人才在临桂，临桂是状元之乡，是将军之乡，是冠军之乡！"虽说这话或许有些夸张，但却饱含了当地人的无限骄傲与自豪之情。

从小生长在临桂，我经常听长辈说起那三个状元和三个军事将领的故事，被他们的故事所深深感染，于是我从小就立下誓言，要让自己也成为故乡的骄傲。

年龄最小的篮球队长

我出生在一个三代教师的家庭，算得上是书香门第，按照父辈的期望和安排，我或许会成为一名桃李满天下的老师，但也许是命中注定，也许是临桂需要一名“金融界的魔术师”，于是上帝赐予了我一颗不安而倔强的心。

2岁那年，我刚刚学会走路，有一次我跟在大一点的孩子们后面玩，也不知道是谁竟然把我推到了沟里，后来我被送到医院诊断：腿断成了三截。当时接诊的医生啧啧称奇：“没见过哪个2岁的小朋友在这种情况下能这么淡定，不哭不闹，这个孩子日后肯定不简单！”

母亲是小学老师，当时因为我的腿受了伤，母亲只好把我带到学校里天天看着。就这样，年幼的我在学校里度过了两年，不到5岁就直接上了小学一年级，当时班里的同学都比我大，但他们却都很喜欢和我一起玩。因为我的年纪较小，腿也受过伤，所以在体育课上老师会格外照顾我，但是因为我从小就很要强，不希望比别人弱，于是在这个想法的驱动下，腿伤刚好的我就按捺不住，开始学着打篮球。

20世纪80年代末期，正是全民健身运动开展得如火如荼的时候，大家不分男女老少，都喜欢在业余时间开展一些体育活动。每天放学后，我就在学校的篮球场看父亲打篮球。稍微长大一点后，我开始尝试着加入他们，并学会了基本的技术。刚开始的时候因为我腿伤的缘故家里人都极力反对我做剧烈的运动，再说篮球是一项对抗性很强的体育项目，我没有过人的天赋，也没有良好的弹跳力，速度也不快，个子最小，腿还受过伤，除了投篮命中率高一点，可以说没有任何优势可言。但恰恰是这样，反而释放了我的天性——勤学苦练、敢冲敢闯，一年级时就敢和三年级的学生打篮球，等到了三年级，我直接同五年级的人玩。就这样，从小学到初中，再到中专，我的篮球技术日益精进，甚至成为当时年龄最小、个子最小的校篮球队队长，而我的队友、教练都不知道我的腿曾经受过很严重的伤。

18岁孤身闯越南

我父母都是教师，工作稳定，但工资并不高，刚开始的时候，他们每个月的工资仅有 20 元，后来虽然逐步上涨，但也没超过 300 元，这点薪水仅仅能够满足一家人的吃穿零用，要想同时供两个孩子读大学，确实非常困难。

我当时正读初中，成绩优异，每次考试都排在全校前三名。本来家人还想着我读书比别人早两年，可以留级缓一缓，但那时候留级的同学多数是因为学习成绩差，而我的成绩一向很好，也不适合留级。我当时看到家里窘迫的经济情况，一心想着能够早点毕业，这样就可以出去挣钱供弟弟读书，好为家里减轻一些经济负担。

下定决心后，我报考了广西经贸学校的审计专业，这类中专院校在当时实施国家统招政策，将来毕业后会有工作保障，还能有干部指标，所以它要求的分数要比重点高中和师范类院校高。后来我被优先录取，多年后，我还记得班主任当时得知我放弃了读高中，连声叹息：“可惜了一个人才。”但是，我从来没有向谁提起过这段经历，而我当时做出这个决定也是下了莫大的决心。

18岁那年，我中专毕业后准备找和专业相关的工作，听人说出国工作可以拿到比国内更高的工资，于是我就到越南的一家酒店去应聘会计，结果发现，那个所谓的酒店根本就是一个赌场，酒店客房跟餐饮只是附带服务。会计是当不成了，但为了赚钱，我还是咬咬牙留了下来，当了赌场的荷官。荷官工资很高，加上小费，一个月能挣五六百美元，折合成人民币差不多有五千多元。而当时我在南宁的朋友平均每个月工资只有三五百元，这么一比，我简直就是一个小土豪。所以每当我回到南宁，都会请同学、朋友去钻石广场对面的麦当劳吃洋餐，当时在整个南宁市还只有这一家麦当劳，肯德基还没有出现。每次看着朋友们开心的笑容，我心里深感自豪。

为什么明知被骗，却还是留在环境复杂的赌场上班呢？我当时的目的只有一个，那就是赚钱，这也是当初我选择去读中专的原因。对于这样的选择，我从来没有后悔过，反而想得很开，早步入社会，经历的东西也会丰富一点，对人生的感悟也会更多一点，这未尝不是一件好事。

路是自己走出来的，一个人不能因为自己的一些坎坷和不顺就去抱怨整个社会。

在越南工作一年后，我因为安全和职业性质的原因放弃了高薪的工作，决定自己创业。当我兜里揣着几万元回到南宁，伫立在南宁最繁华的街头，一种君临天下的豪情油然而生。是的，年纪轻轻就挖到了第一桶金，这并不是每个人都能做到的。深思熟虑后，我决定把资金投到稳妥、传统的餐饮业，于是我和朋友合作在越南芒街开了一家越南菜馆。由于第一家越南菜馆生意非常好，所以雄心勃勃的我不顾合作伙伴的劝阻，把手上并不充裕的资金全部投入，想把越南菜馆开到中国内地，形成连锁店。但结果却并不尽如人意，由于连锁经营经验不足，再加上店面租约的商业纠纷，导致资金链断裂，最后餐馆不得不面临倒闭，这次 “大跃进”不但令我损失惨重、血本无归，还欠了一屁股债。所有的一切兜兜转转又回到了原点。

随后的半年时间是我人生中最惨淡的日子，每天都在收账、还债中度过，压力大到让我整夜整夜失眠，头发也整把整把地掉，身上凡是值钱的东西都当掉了，刚开始住五元一晚的旅馆，后来却也住不起了，只好在赌场街边打地铺，落得个流落街头的下场，没钱吃饭的时候就到赌场排队当“丐帮”领免费的饭吃。幸好天无绝人之路，最后我的债主们被我的真诚所感动，他们表示暂时放弃逼债，还说什么时候还都可以。

处理完债务，终于可以缓一缓，静静思考一下我未来的人生了。在一个安静的夜晚，我提笔在笔记本上写下了这样几句话：

做什么都要领先一步，争做第一家才能生意好；

团队和伙伴是我成功的基础，要尊重大家的意见；

资金链不能断裂，不能盲目扩张；

诚信是商业世界里的至尊通行证，要懂得感恩别人对你的信任；

提升自己，让工作有意义，为社会创造价值；

这个社会未来的发展趋势是什么？

多年后，某位长者听到我的故事，翻开笔记本看着这几条感悟时，竟然热泪盈眶，激动地对我说："小秦，你这跤摔得好，在年轻时有这样的经历，那才是真正的财富啊，你看你写的这几条，在当时那种情形下，笔迹还是工工整整，说明你心境不乱，颇有大将之风啊，就算退回十年，我想我也会为你投资，因为你注定要成就一番事业。呵呵，今天投也不迟吧！"

风云激荡互联网

2000年，全国各地都掀起了电脑热，我敏锐地意识到，也许未来的发展趋势就在互联网上。于是我打算重走校园路，通过学习来接触新鲜事物，提升自己的能力。后来经过一番周密计划，我通过自学考试来到了北京联合大学读电子商务，当时电子商务这个专业很新潮，也只有这个学校开设了这个专业，很多名校还没有开设。

决定读书容易，但是真正成行还是费了一番周折的，首先得一一通报债主，免得他们以为我不想还债，而且车费、学费也是一大笔开销，我当时手头的钱连吃饭都不够。正在我为费用发愁的时候，父母和朋友们得知了我的消息，大家东拼西凑了三千元，交给了我，这真是雪中送炭，我感动得热泪涟涟，在心里暗暗发誓：一定要混出个人样来，回报亲友，回报社会。

带着期望和托付，我就这样来到了互联网中心——北京，却又遇到了新问题。

虽然我之前读书的时候成绩一直很好，但中专毕业后因为要工作，学业荒废了一段时间，所以重新走进校园总感觉非常吃力、跟不上节奏。自考生和全日制本科生有很大不同，考试难度很大，也不认识相关的老师，所以对重点的把握、复习资料的选取等完全都要靠自己去完成。没办法，我也只有靠着比别人更多的努力才能学到更多的东西，这样才可以顺利毕业。

当时住宿条件很差，为了省钱，我在海淀区的巴沟村租住了一间不到 10 平方米的宿舍，狭窄的空间里只放得下一张高低床、一张桌子和一把吉他，没有暖气，更别提卫生间了，冬天的时候洗个脸都不容易，脸盆里的水经常会结成冰，毛巾也是冻得僵硬，就连唯一能带给我心灵安慰的吉他也被冻住了，手一按弦像刀割一样疼痛，而且弦变得很脆，容易断裂，有时候也会担心吵到邻居，最终吉他也就成了一个摆设。后来，我换过几个地方，住过万泉庄的地下室，也住过 10 个人合租的房子，最困难的时候，就只能窝在一个地下室的过道里，那段时间异常艰辛，但对知识的渴望依旧强烈。

年轻就是资本，所有的困难都阻拦不了我这个求知欲勃发的少年，不仅在本校学习，还每天跑到相隔很远的清华、北大、人大去旁听著名教授的课，争取多吸收一些有用的知识。现在回想起来，总有这样的画面浮现在眼前：夕阳西下，一个俊美少年骑着一辆吱吱呀呀作响的旧单车，眼神坚定地注视前方，偶尔又因思考而思绪飘忽，就这样披着一身晚霞的金色光辉，孤独地前行。而他永远不会知道，身后的少女，已把目光轻轻锁住他的背影，时而眉头紧蹙，时而抿嘴偷笑……

我学电子商务的时候阿里巴巴刚成立不久，2003 年毕业时，淘宝也刚刚成立，从宿命的方向解读，我认为自己跟电商、跟马云之间还是有一些机缘的。而且，作为自学考试里面电子商务专业的第一批毕业生，我拥有巨大的知识优势，所以，在更加深入地了解互联网和电子商务之后，我心里就萌生出一个新的梦想：以后一定要做互联网，一定要做电商。这个信念和计划一直延续至今。

不过，好事多磨，我的电商之路并不是一帆风顺的，中间也有过几段小插曲。

从北京联合大学电子商务专业毕业后，我的第一份工作是在中央党校附近的一个会计师事务所里面实习，可以说和电子商务毫无关系。那段时间，我还在考注册会计师，而且考过了三科。注册会计师这个目标是我之前在学校听老师讲座的时候定下来的，老师说注册会计师是金领，考上之后月薪上万元，正巧我中专学的是审计，专业对口，听老师这么一说，我立马就兴奋地报了名，想要当个金领，拿高薪。

事务所实习生的工作琐碎而无趣，每天都窝在办公桌前拿着一大堆凭证报表写写算算，看哪个开支大、哪个开支小、借贷是否平衡、坏账呆账是否数额异常等问题，然后说明一下公司的运营情况，再给出一些审批的意见。每天都做着忙碌而乏味的工作，帮别人算了以后又在算自己赚了多少钱，花了多少钱，从早到晚都是为了钱的事操心，这样一来，个人的格局只能是越来越小，人也随之变得小气和木讷。一段时间过后，我感觉这种状态不是自己想要的，越来越排斥，而公司正好准备给我转正，工资也会从实习生的几千元涨到万元底薪，要是再考过两科，拿到注册会计师证的话那就拿得更多。

现实和理想在这一刻交战——原来觉得注册会计师是个神圣的职业，但我现在却发现不能适应这样的工作环境，这是为什么呢？我陷入了深深的思考：为什么自己会这样选择工作呢？18岁时，学的审计却去了赌场，现在学的电子商务却跑去做了会计，人生不应该这样飘来飘去啊，一点儿也不专一，这并不是我想要的啊。

最终，思考有了结论，根本原因还是为了钱。

这时候我开始觉悟，大多数人的一生都是为了挣钱而活着，而你90%以上的烦恼都是因为钱，如果你不再因为钱而烦恼，那么你就少了90%的烦恼。自己应该一心一意，朝着电子商务、朝着互联网的方向努力迈进才是正确的选择。

于是，我毅然选择了辞职，也放弃了唾手可得的注册会计师证。从此，互联网江湖上也多了一名呼风唤雨的“秦老板”。

经过这次大彻大悟后，我选择了互联网创业。当时有一家名叫新网互联的公司，在全国各地广招代理，主要做的是3G名片，相当于升级版的彩铃。企业用户开通后，其设定的图像、文字等多媒体信息可以显示在手机用户的屏幕上。我走进这家公司，和负责人说明了我的情况，表示自己是刚毕业的学生，没什么钱，但是很想把项目做好。负责人被我的坦诚打动，只要了很少的代理费，就给了我桂林的代理资格，并留我在北京免费培训了一段时间。

许多读者可能会感到纳闷，3G在国内不是2009年之后的事情吗？其实中国的3G在2003年就开发出来了，只是一直没有正式上市，所以那时候做3G名片是非常超前的。

我回到桂林后，马上开始市场运作。当时3G名片没多少人知道，但我还是卖出了很多，赚了不少钱。一段时间后，我发现这个项目并不能给客户带来价值，不能落地。因为当时3G的概念太过超前，3G移动网络在6年之后才正式上市。虽然能把产品推销出去，并且可以把商家的钱收回来，但是商家得不到切实的利益，消费者也得不到利益，这也不是我自己想追求的，于是果断终止了此项目。

通过卖3G名片与桂林市消费者协会合作，我收获了丰富的市场经验，并尝试了一个新项目——为淘宝商家提升信誉。经过一段时间的运营，新项目效果显著，合作的淘宝商家纷纷表示信誉提升后顾客增加了不少，销售额也成倍增长。

客户的反馈和良好的业绩促使我下定决心开辟全新的战场，接受全新的挑战，于是我选择了专门做淘宝商家商业包装项目，经过一年的努力，项目获得了巨大的成功。我的公司在桂林市有了六层楼的办公室，员工人数多达五百人，营业收入已达千万元级别。

随着项目越做越大，我发现了项目存在的弊端——以公司的实力，对整个系统的风险根本无法把控，而且它在一定程度上破坏了整个互联网的诚信体系。一些无良淘宝商家本来在消费者心目中是没有诚信可言的，他们的劣质产品应该被驱逐出市场，但却凭借我们的商业包装让其有了诚信，最后只能是消费者遭受损失，这样一来，我所经营的公司会成为一个破坏者，违背了自己做人的道德底线，最终我决定逐渐退出。

在此期间，我参加了几届由国务院工信部主办的官方互联网盛会——中国互联网大会，开始慢慢地意识到互联网在未来是一个必然的趋势，但同时应该学会使用金融的杠杆，因为无论是国外知名的硅谷企业还是国内成功的互联网企业，它们的成功并不全部是凭借技术，也并不是因为它们有市场，而是会用资本运作，说白了，就是懂得资本的玩法。百度、搜狐、阿里巴巴……几乎每一个成功的互联网公司都离不开资本的力量。

未来趋势——互联网金融

从 2004 年开始创业到现在，不知不觉已经走过了 10 个年头，这一路走来，我不断地选择、放弃，再选择、再放弃，走了不少的弯路，主要原因都是目标不专一，只会产品运营而不会资本运营。感谢上天赐予我一颗倔强、不安分的心，让我从来就没有气馁或是放弃，而是不断从失败中总结经验，调整自己的创业方向。

现在我终于可以自豪地宣布：我找到了可以为之奋斗一生的领域——互联网金融，创办世纪华夏集团和金融邦控股集团，两大集团分别专注于互联网和金融两大领域。

把握未来商业形态的格局与趋势才能赢得未来。

当今互联网在中国已经普及，同时移动终端用户出现了爆发式增长。根据工信部关于通信业经济运行情况的数据显示，截至2014年1月，移动互联网用户总数达到了8.38亿。我们再回首十年前，当时最初做淘宝的一批人士，现在大都身家百万元甚至千万元以上。互联网和移动互联网已经改变甚至颠覆了很多传统行业，正在改变更多的行业。金融业也不例外，要么是互联网金融，要么是金融互联网。支付宝、余额宝、三马互联网买保险、微信支付、融360、好贷网、91金融超市、网贷之家、拍拍贷、爱投资、天使汇等以P2P网贷等互联网金融创新产品和服务层出不穷，吸引了众多投资者和创业者的目光。尽管以银行为代表的传统金融暂时还不会受到颠覆性的冲击，但是互联网金融的创业机遇以及未来将比现在的BAT（百度、阿里巴巴、腾讯）互联网三大巨头更有想象空间和广阔远景。

从2013年起，往后的5～10年，可以称得上是互联网、移动互联网、互联网金融的黄金创业期，众多的优秀创业团队除了自身的努力及政府的鼓励和支持外，还离不开资本的支持，因此尽管这几年互联网金融领域投资案例频发，但主要聚焦在互联网金融领域投资的基金还只是初见端倪，因此我们相信，随着互联网金融在2014年持续火爆，主要聚焦在互联网金融领域的投资基金也将闪亮登场，开启互联网金融基金元年，与互联网金融这个新兴行业共同成长。

未来的商业核心一定是两大块：一是资本为王，二是客户为后。谁手上掌握这两项资源，谁将成为真正的王者。

正是在这样的背景下，2013年，我和合作伙伴微信营销专家侯玉斌、大数据营销高手上市公司地一站董事长齐巍先生共同创立了世纪华夏集团，致力于三资（知识、资源、资金）资本融合平台，专门从事解决中小型企业和普通人投融资难题。提出以帮助会员整合资源、资金实现财富自由为目标，以让“中国制造”走向“中国资造”，让中国成为全世界的“金融心脏”为使命，通过旗下国内外资深投融资专家为需要融资的中小企业主提供一对一全方位的投融资实操指导，同时提供成本低、额度高、速度快、手续便捷的全程解决方案，彻底帮助中小型企业突破发展瓶颈。世纪华夏商会就是要帮助各个行业的企业家批量获取资本和客户这两项资源，成为真正的王者！

通过这种运作方式，不仅解决了会员企业的实际问题，而且保障了会员企业的切身利益，加快了企业发展的步伐，实现了公司和各会员企业的双赢。

于是，我加快投入到互联网金融的研究和实践中，首个课程“与资本谈恋爱”应运而生。2013年，我开创了系统的个人及家庭投资理财课程——“跟资本谈恋爱”，通过个人财商教育的广泛普及，帮助个人及家庭学会如何投资理财，财富倍增，从而实现财富自由。与此同时，世纪华夏在全国各地举办了一系列专题培训讲座，我先后在广州、贵港、南宁、北海、绵阳、成都、重庆、贵阳等地进行演讲。在我的主讲课程“跟资本谈恋爱”中，以“你不爱财，财不爱你”引出以下问题的解决方案：个人如何从0到100万元创造人生的第一桶金？

个人如何不花钱买豪宅别墅，从 100 元万到 1000 万元打造个人资产？个人如何 0 首付、0 月供买豪车？个人如何不花钱，免费购买红木高档家具、名牌珠宝首饰？个人如何在 1 年内实现有房、有车、有美娇娘、有公司？此类课题深深地吸引了学员们。除精彩的课程外，我的授课态度也颇受学员的称道。我对学员有耐心、有信心，善于激发学员的学习热情，还常常使用各种教学方法让学员们对知识融会贯通。

金融邦控股集团

2014 年，我同亚洲最年轻的演说家 90 后创业天才曾仕涵、“中国巴菲特”陈浩南先生创立金融邦控股集团。该集团是一家专业经营金融培训、投资管理咨询、上市辅导、基金投资、产业投资等项目的综合型控股集团。

集团拥有专业资深的核心战略体系、卓越的导师团队，以打造顶级“金融”品牌为己任，为全世界企业家提供产融培训、上市咨询、基金投资、股权融资、打包上市等一条龙服务的产业金融系统。

集团专注于帮助企业实现产业投资专业化、产品价值最大化、客户价值最大化的资源平台，秉承系统性、浸泡式、即时化的价值理念，帮助更多的企业走上金融之路，助力于更多企业家成功！

金融邦愿景：让中国成为世界金融的“心脏”。

金融邦使命：让天下没有不懂金融的企业家。

金融邦价值观：永远把帮助别人放在第一位。

金融邦执行口号：金融领袖，目标明确；立刻行动，言行一致。

金融邦控股集团：一个系统、多个平台、无数个项目；人脉库、资金库、项目库；价值链、资本链、情感链。

金融邦控股集团地址：

香港总部：香港九龙旺角花园街2—16号好景商业中心7楼705室。

广州公司：广州番禺区市桥东环街榄塘路139号二楼整层。

2014年，我的第二个重量级课程"总裁金融智慧"出炉。从2009年起，我费时5年，系统学习、研究了资本分拆法、企业融资36计、诺贝尔资产配置模型、中小企业上市融资方案，结合自创的"互联网资本模式"和独创的"资本融合36心法"，系统提炼成"总裁金融智慧"理论体系，帮助大家理解互联网时代的资本模式，开启金融智慧、使用资产配置模型、掌握上市融资落地方案，吸引了一批又一批企业家和实业家，被誉为"金融魔术师"。

与此同时，我应邀加入了"中国梦——与名师有约"超级成功演讲会，与亚洲商业模式第一人林伟贤、亚洲首席演说家梁凯恩、亚洲第一名嘴张锦贵、共和国演说家彭清一、总裁实战训练第一人俞凌雄、疯狂英语创始人李阳、香港国际财富女人学院创办人韩艾桐、成功学权威陈安之、亚洲顶尖人脉关系专家康飞翔等一起，成为"与名师有约"讲师团的一员，并与陈安之老师、李阳老师同台演讲，加快了我在全国巡回演讲、传播互联网金融智慧之路的步伐。

同年，在我的带领下，世纪华夏商会成立了两家分会：3月3日，世纪华夏商会南宁分会成立；10月19日，世纪华夏商会昆明分会成立。世纪华夏商会平台汇集了300家国内外风投资源，100家商业银行，国内顶尖人脉圈。公司在扩大规模的同时，传播知识、传播大爱，通过"总裁金融智慧"课程去帮助更多的人，为企业整合资源，解决企业资金短缺、融资困难等问题，让企业掌门人走向一条财富自由之路。

在金融邦控股集团的策划和帮助下，2014 年 9 月，两家企业先后成功上市。2014 年 9 月 2 日，地一站（武汉）商业管理股份有限公司在武汉股权托管交易中心成功挂牌上市，股票代码 100292，股权名称地一站，总股本 500 万股，开盘价 5.8 元。2014 年 9 月 26 日，武汉立达恒安科技股份有限公司在武汉股权托管交易中心敲钟，正式挂牌上市，总股本 500 万股，开盘价 6.6 元。2014 年 10 月，成功为广州莎维妮、东莞易通、中山卓峰、清远滨矿事业四家公司在广州股权交易中心举行专场挂牌上市仪式。我表示，将在未来帮助更多的企业上市融资，让企业迅速走上资本之道，让企业的发动机从面包车发动机迅速提升至飞机引擎发动机，甚至是火箭发动机，加快企业发展的步伐。

从商人到导师的角色转换

自从成为世纪华夏集团和金融邦控股集团两家公司的总裁后，我发现跟自己一样的成功案例比比皆是，但是更多的创业者和中小型企业老板不仅不懂投融资知识，而且还常常曲解其中含义。还有很关键的一点是，这些急于积累财富的人常常是单打独斗、力量单薄、准备不足，一旦遭遇激烈的市场竞争或者金融动荡，便一败涂地。我的想法后来成为金融邦的核心理念，就是通过商会的平台帮助会员实现资源整合和财务自由。其中，我将向会员传递自己获取财富的秘密。

金融邦控股集团创立以来，我一直致力于打造亚洲最具影响力的投融资国际平台，为广大客户提供理财规划、产品交易、后续管理等一站式服务。深受学员们欢迎的是，金融邦做到了专业、独立、公正、客观，而作为一个正能量圈子，对他们积累人脉功不可没。

作为金融邦控股集团的创始人，我并未在幕后指挥，而是走到台前给会员们授课，解决会员们遇到的实际问题。由此，我顺利实现了从商人到导师的角色转换。2014 年我陆续推出了“总裁金融兵法”“上市总裁班”等一系列广受学员欢迎的金融实操课程。2015 年还将推出“青少年财商领袖训练营”课程，帮助企业家的第二代掌握财商知识，顺利接班，超越富一代。

完成使命，成就无限未来

世纪华夏在短短不到两年的时间里，取得如此的成就，在企业界并不多见，但是我并不满足，我给自己确立了一个坚定的使命和目标。

我的使命是要通过个人财商教育的广泛普及，帮助个人及家庭学会如何投资理财，使其财富倍增，从而实现财富自由；通过中小型企业投融资实操知识的普及，帮助中小型企业家理解互联网资本模式、开启金融智慧、使用资产配置模型、掌握上市融资实操落地方案，让“中国制造”走向“中国资造”，让中国成为全世界的“金融心脏”。

我的目标是到 2016 年培养 188 名有房、有车、有美娇娘（“高富帅”）的引路慈善大使；培养 8800 名有豪宅、有豪车、有美娇娘（“高富帅”）、有千万级别公司的企业家，并让他们加入世纪华夏商会；帮助 88 家民族品牌的企业成功上市；在中国捐建 880 个“仁杰”财商学院；影响全球 8800 万人学会如何投资理财！

回首过去的 10 年，真可以说是一段不可思议的奋斗史。如果青春可以重走，我想我不一定会再有这样的勇气。10年，是一个孩子从咿呀学语进入青葱岁月的时间，也是一个成年人历经沧桑岁月的时间，但对于我来说，10年时间足以让我完成人生的一次蜕变，成就属于我自己的奋斗史。简单地说，这10年让我从身无分文的平头百姓变成了财富可观的企业家。

从骑电动车到拥有小轿车，我用了1年时间；从白手起家到身家百万，我用了2年时间；从被人追房租的房客到房东，我用了3年时间；从“屌丝”到身家千万的“高富帅”，我用了6年时间；从农村的乡巴佬儿到知名企业家，我用了10年时间。但是，这些都太慢了。实际上，实现以上所有的这一切，只需要1年时间。

再不疯狂就老了，我们已经没有时间在失败的泥潭中挣扎。

如今，我被业界誉为“金融魔术师”，同时还是金融邦控股集团董事局主席、世纪华夏商会创始人、28家上市公司金融顾问、中国新三板上市辅导顾问、“总裁金融智慧”课程主讲导师、金融邦集团核心导师、地一站联合创始人、广州金亨世成投资管理有限公司董事长。

一个手上拿着水晶球的魔术师，将为你开启互联网金融之门，带领你走进互联网金融的智慧之界！你，准备好了吗？

第二章 我眼中的互联网金融，将颠覆传统金融

随着信息技术的发展，互联网日益普及，一场全新的互联网革命正在步入公众的视野。毫无疑问，这一次互联网革命，将再次颠覆传统行业的格局，促使行业越轨。对于企业和个人来说，利用互联网思维创新商业模式的指导思想就是越轨战略，这年头，你不“越轨”，别人就会让你“出轨”！

传统行业的格局已被互联网颠覆

10年前，我曾在北京海淀的巴沟村捧着书本，埋头苦读。10年后的今天，我坐在宽大的办公桌前，跟上市公司地一站董事长、大数据营销专家齐巍先生一起探讨互联网金融。

世纪华夏办公大楼，华润大厦34层——接待区的真皮沙发豪华大气、大理石茶几富丽堂皇；低辐射中空玻璃与巴西水晶石组成极具现代感的尊贵幕墙；办公通道墙面、地面全部选用高档石材装饰，彰显高雅格调。一个文质彬彬的白面绅士，眼睛上架着黑框眼镜，眼神中透露着睿智，不紧不慢地穿过办公区，来到我的办公室。这就是国内知名的大数据营销专家齐巍先生。我当时正在拜读巴菲特先生的一部著作，见到他进来，我主动伸出手与他握手：“欢迎你的到来，齐巍先生。因为我很久以前就想写一本关于互联网金融的书，可是一直苦于想不出一个好书名，这次专门请我们的高才生过来帮忙参考参考。”

齐巍先生把手机摆在办公桌上，直切主题：“你为什么想要写一部关于互联网金融方面的书呢？”

我沉思了一下，吩咐助理给齐巍先生倒了杯水，开始了我们的正式聊天。

“首先，按照我的理解，互联网经过这些年的发展，已经迈入了一个节点，即将再次颠覆传统行业的格局。我拿几个大家都比较熟悉的行业举例：

“新闻业。互联网没有进入中国前，传统新闻业被寡头垄断，央视在中国老百姓心目中是高高在上的权威媒体。但是随着互联网的飞速发展，这种权威正在被瓦解，2008 年汶川大地震，网络上几分钟后就出现新闻，速度之惊人、图文之详尽、信息之真实，让几小时后才出来的央视新闻汗颜。可想而知，未来的日子，还有多少人在看电视？还有多少人在看报纸？

“零售业。全球最大的实体零售商沃尔玛，在华有 5 万名员工，年交易额过百亿元，这个巨无霸的公司似乎无人能及。然而马云创办的淘宝网，仅用 3 年时间，交易额就飙升为沃尔玛在华所有门店交易额的 3 倍——2012 年“双十一”，淘宝网一天的交易额高达 350 亿元，是沃尔玛在华所有门店一年的交易额。2013 年“双十一”当天，2.4 亿人在淘宝上消费，相当于 2 个日本总人口，淘宝网因此被李克强总理夸赞为创造了一个消费的节点，取得辉煌的商业奇迹。现在的淘宝网，一天的交易额相当于 7 个香港黄金周的交易额，超过中国京、广、深一线城市线下零售总额，没有人能够想到今天淘宝会这么强大。

“旅行业。携程网，一家没有一架飞机、没有一间酒店的公司，每天卖出的机票和开出的房间超过任何一家航空公司和酒店，业界震惊。

“通信业。中国移动、中国联通一直垄断这么多年，却被一个看似不起眼的腾讯所超越。微信不仅可以发短信，还能语音通话、收发图片和视频，而且这些都是免费的，只要能上网就行，完全可以替代中国移动、中国联通——市场的反应说明了一切，微信面世短短几年时间，注册用户超过 4 亿，甚至可以想象，人们对电话和短信的依赖性越来越弱，有一天世界可能不再需要手机号码而只要无线网络，电话的技术会被彻底封存起来，就像当年的电报一样。而手机号码、电话号码等词只会出现在历史课本里。

“服装业。行业巨头雅戈尔用了 32 年时间，在华建立了 500 亩的工业城，建立了 1500 个专卖店，终于实现每天 1.3 万件男式衬衫的销售业绩。而同样卖服装的凡客诚品，除了设计团队是自己的，没有投资一家厂房和流水线，没有投资开设一家专卖店，成立 3 年，单单靠一个网站就实现一天 3 万件男式衬衫的销售业绩，是行业巨头雅戈尔的 2 倍。现在公司估值已经超过 50 亿美元，让不少传统老板汗颜。

“手机业。摩托罗拉、诺基亚曾经是世界手机业巨头，不同层次、不同价格、不同功能的手机，大量的产品线，数十年构建起来的商业帝国固若金汤，却被一个绑上互联网的苹果手机打败，只因这款手机能上网，10 万个应用可以下载。苹果一年只出一款机子，而且技术也不是最好的，好好的一张卡要剪烂，要不就插不进去，电池不耐用就算了，还不给人家换电池。甚至有人卖肾赚钱只为买个苹果手机，诺基亚那些躲在实验室研发的工程师们要好好思考了，为什么苹果手机有这么大的魅力，让全世界为之疯狂？实话实说吧！苹果手机如果不能上网，什么都不是，没办法做到，现在的人离不开互联网，乔布斯是在研究人，而你们却在研究产品。

“娱乐业。无数人为了实现自己的明星梦投巨资宣传，少则几十万元，多则上百万元，甚至不惜潜规则，却依然默默无名，财色兼失，最后堕入风尘。而“芙蓉姐姐”和“天仙妹妹”通过网络推手包装，一夜成名，花费不过几千元。互联网想让一个人成名，那实在太简单了。

“政坛。奥巴马，没有任何关系和背景，而且还是黑人，不仅当选了总统，还是美国有史以来唯一没有拿政府选举经费的人。当奥巴马的竞争对手到处演讲和做电视访谈时，他却建起一个网站，利用互联网传播他的政治主张，同时，他还买断了互联网上大部分的关键词，因此美国网民无论在互联网上搜索什么，都能看到这个年轻人的政治宣言，24 小时不间断，你想不认识他都不行。美国网络普及率非常高，几乎家家户户有电脑，所以善于利用互联网的奥巴马只花费了很小的代价就做到了让自己家喻户晓。当他的竞争对手把选举经费都花完时，他却通过网络拿到了无数的赞助，不花政府一分钱，反而还赚了钱，这样的人，你不选他选谁？奥巴马的成功，可以说是互联网的成功。

“咨询界。中国咨询行业最著名的叶茂中机构，用了 20 年时间，借势电视广告，不断地在央视投放宣传片，成为知名度最高的个人和企业品牌。世界最著名的麦肯锡咨询机构成立几十年，方成为业界最受尊敬的咨询公司。而如今，通过网络，新晋企业只要思路够对位，注重方法论又懂得利用网络行销，成为受市场关注的机构比起过去简单多了。

“百富榜。三百六十行，行行出状元，但未必行行能进百富榜。2005 年中国百富榜单上，有 30 位是互联网创业者，平均年龄 35 岁；而近年来的中国首富的位子，更是互联网巨头的老板轮流坐。

“金融业。微信、推特、脸谱等已经在传统的通信领域攻城略地，当通信运营商正打足了精神忙着应对挑战时，互联网已经把它的触角伸向了金融业。银行一直是中国老百姓心中至高无上的地方，从未敢有人想过能超越它，然而马云创办的支付宝，每天流动资金超过任何一家银行，业界哗然。近期推出的‘余额宝’，给予客户的利息超过银行17倍，直接抢银行的饭碗。”

互联网金融必将颠覆传统金融模式

“我有一种预感，互联网金融必将颠覆现在的传统金融模式。”

齐巍先生说道：“哦，你认为互联网对金融行业的变革是颠覆性的，对吗？”

我走到书柜旁边，放回巴菲特老师的书，慢慢地说道：

“互联网正在成为现代社会的基础设施之一，就像道路和水电管道一样，它不再只是一个用来提高工作效率的工具，而是构建未来生活方式和生产方式的基础设施。现在国内外最流行的思维是什么？当然是互联网思维，它指的是在互联网、大数据和云计算等科技不断发展的前提下，对市场、对用户、对产品、对企业价值链乃至整个商业生态圈进行重新审视的一种思考方式，其更应该成为我们一切商业思维的起点——现在，我们看一个企业或项目是否有发展潜力，就看它离互联网有多远。

“当然了，不是因为有了互联网，才有了这些互联网思维，而是因为互联网的出现和发展，使得这些思维得以集中爆发。我非常愿意接受这种新兴的思维，并在自己的事业中践行。9年的互联网创业让我通过学习、实践拥有了互联网思维。当那些创业者在创办各种所谓的互联网企业时，是否想过，即使他们现在拥有互联网的身体，也不一定能获得互联网的思维。这是我与他们最大的不同，不过，我们的方向是一致的——都是朝着互联网的前方迈进……”

我对互联网思维的理解基于美国硅谷著名的《连线》杂志主编凯文·凯利的相关言论。他出过最出名的一本书是《失控》，在这部思考人类社会进化的著作中，他提出了“失控”一词，即没有中心、没有权威，从某种程度上准确预言了互联网与社会的发展。

这种去中心化的趋势也出现在我们生活的方方面面。移动互联网技术的发展和智能手机的普及，让越来越多的人开始依赖手机，成为一个手机控。每个人都在看手机，每个人看的内容都不一致，而我们接收的信息又过于碎片化，因此很难集中我们的注意力。当我们在面对这个改变的时候，总不能以路遥笔下的田二那一句“世道要变了”草草收场吧！因此，在互联网时代，我们需要面对这种“脱媒”的现状，而不是拒绝。

这不，如今不管是主流媒体还是相关的从业机构都能看到互联网所带来的变化：就金融业来说，互联网必将改变金融业，要么是金融机构依靠互联网技术和思维进行自我改革；要么就是互联网企业以一个“野蛮者”的身份闯入传统金融业的领地，要来革它的命！前者有率先革新的招商银行和平安保险，后者主要有阿里巴巴、百度、腾讯、京东。在这些交叉领域，所有的机构和企业既有竞争又有合作。可是，就目前来看，互联网金融仍是一个比较空泛的概念。

齐巍先生：“所以你觉得互联网金融还有很大的发展空间？”

“对，一直以来我相信的是，互联网技术引发的革命一定是超越计算机技术本身的。互联网金融绝对不是数据金融或技术金融，也不是对传统的金融技术进行升级。互联网金融应该是基于互联网思维的金融创新。虽然到目前为止互联网金融的内涵与边界仍然是模糊不定，但我想到了几个关键词来形容它：金融脱媒、信息对称和个体选择。”

首先是金融脱媒。它是互联网金融最主要的表现形式，与互联网本身去中心化趋势密不可分。在充分市场化的经济背景下，金融媒介机构的功能正在减少，其典型的形式包括P2P（peer to peer，个人对个人）网贷和众筹融资。

当互联网发展到今天，越来越多了解网络和金融的人开始了新的探索和尝试。一些人发现，并非只有银行才能从事存款、贷款业务，我们运用互联网技术做一个网站平台，也可以做同样的事情，这个平台与银行在业务模式上的区别在于它是直接融资，而不需要通过银行、证券和保险等金融中介机构；而另一些人也发现，并不是每一个人都需要找投资公司进行融资，而只要通过一个网站就能让创业者获得大众的投资。

不过就目前来看，它还仅仅只是一个发展趋势。其实，“金融脱媒”的实质在目前来看已经不在于“脱媒”，而在于消除信息不对称和个人对金融权利的觉醒。

其次是信息对称。这是因为互联网金融的本质是大数据、云计算、互联网、移动支付等信息技术在金融领域的运营，而这些信息技术能通过在数据生产、数据挖掘和数据安全等方面的应用来解决信息不对称、信息鸿沟的问题。所以，在互联网金融时代下，用户必定会对金融或信任中介等概念给予重新定位与理解。

当然了，信息技术在很大程度上也属于互联网领域，互联网金融的主心骨就在于互联网技术的普及和发展。那么，是不是说在这个时代，金融行业就会失去跟进时代的机会？答案是不一定。现在许多传统的金融行业正开始积极探索互联网金融时代的新发展道路，慢慢去适应和掌握互联网思维，并采取了实际的行动，这样传统的金融行业也能像那些互联网巨头一样，分取互联网金融这一块新鲜出炉的大蛋糕。

毕竟，互联网精神不仅仅属于互联网，就像金融也不一定只是银行、证券公司、保险公司、租赁公司和信托公司的业务范围一样，所以我认为一个公司所处的行业以及业务范围都不能决定其是否为一家互联网金融公司，关键在于其是否具有互联网金融的思维。

最后说的是个体选择。这里说的个体选择是从交易主体和交易结构的特征来论述的。互联网金融最重要的特点是客户可以在信息相对对称的基础之上平等自由地获取相关的金融服务，这样做有利于实现金融上的充分有效性和民主化，投融资双方都有较多的选择自由，最终实现金融自由。

在上面三个互联网金融的关键词中，金融脱媒是其中争议最大的。原先我认为，现在火爆的P2P网贷形式足以成为互联网金融的最好例证。不过后来，在我接触了一个新的东西之后，我很快就意识到自己对于互联网金融的理解格局太小了，P2P网贷只不过是交易结构和网络形式的变化，其与电商金融、众筹融资等均对传统金融机构提出挑战。于是，互联网金融时代最具颠覆性、最激进的探索出现了，它就是比特币——一种虚拟的互联网货币。

比特币的概念于2008年11月1日由一个自称中本聪的人提出，他在一个隐秘的密码学评论组上贴出一篇标题为《比特币：一个点对点的电子现金系统》的论文。该作者希望创建一套“基于密码学原理而不是基于信用，使得任何达成一致的双方，能够直接进行支付，从而不需要第三方的参与”的电子支付系统。

2010年，我还在广西南宁创业，当时因为自己的大学专业电子商务与互联网有着密切联系，所以常常看一些国外的科技博客。那时候比特币的价格还不到20美分。3年之后，比特币创下历史最高价266

美元，而且每日的涨跌幅惊人。比特币价格的暴涨暴跌引起了社会各界的热议，一时间理论界、金融界、经济界纷纷对比特币的价值展开了激烈讨论。

当时我对比特币的概念还处于懵懵懂懂的阶段，心里有着很大的疑惑：比特币这种虚拟货币与Q币究竟有什么不同？它没有政府强制的支持和政府信用背书，价值能得到保证吗？人民币是中国的法定货币，拥有国家政府的信用背书，它的发行速率可控，价值稳定；而比特币虽然在发行速度和总量上有限定，但没有政府来为它背书，其流通的圈子会很小。

不过接下来的比特币热潮彻底颠覆了我之前的理解，也让我不得不把自己关注的焦点重新转回比特币。于是我开始阅读和学习货币以及货币流通的相关资料，一段时间下来，对于比特币的概念也有了自己的理解：单就货币的流通手段和支付手段而言，比特币确实是属于货币的一种。

虽然比特币只是一种虚拟的网络货币，但其去中心化的特征强化了人们对它的信任，在塞浦路斯银行事件以及全球范围内多个银行普遍存在的超发现象之后，许多人开始关注这一虚拟的电子货币。

说了这么多，我是为了向读者表示，经过这几年来的潜心学习研究，我认可比特币的存在价值是经由一种信任体现出来的。如果人们信任它，它的价值就会一路飙升，否则它很可能就一文不值。

可以说，没有互联网，没有P2P架构和协议，就不会出现去中心化的思想，公众也就不会对这种完全虚拟的电子货币产生信任。比特币的大热是在现在这个互联网金融时代，通过一种创新型的革命思想来改变金融行业的最好例证。这个例证已经超出了金融脱媒或者单纯的技术升级，而直接触动了金融交易的核心之一——货币。

所以，不管比特币在未来能否成为一种取代性的货币，但它这种去中心化的思想已经革新了金融革命，并有力推动了金融普惠和金融民主的进程。

齐巍先生："你的分析很到位。"

我继续说道：

"这几年来我一直在思考，互联网改变了许多行业的生产和销售流程，也改变了无数普通人的生活，并且已经渗透进社会的方方面面，可以毫不夸张地说，互联网改变了一切！那么，未来中国的金融业会被互联网改造成什么样呢？传统的金融行业如果墨守成规，不紧跟时代潮流，肯定会在商业化的过程中受到各大互联网巨头的围攻。正如阿里巴巴创始人马云所说：'如果银行不改变，我们就改变银行。'

"据我观察，目前许多传统金融业的分业经营模式金融机构已经不符合互联网时代的精神，也无法满足企业自身的发展和开放性创新需求，陈旧的思维和运作模式根本无法抵挡新时代涌现出来的各种金融创新企业的竞争威胁。面对这种严峻的形势，传统金融业亟须转变思维，进行一次由下至上的全面整合，改变这场互联网金融大战之初的被动局面。

"传统金融业可以利用互联网的开放性、包容性和便捷性大大降低服务成本，使得之前传统金融难以覆盖的人群进入服务范围，这些对传统金融业的发展是有利的，不会造成利益格局的颠覆性革命与发展思路的混乱。毕竟，就互联网金融的本质来说，互联网金融并没有改变金融功能的诉求。

"传统的金融业主要包括四大行业：银行、证券公司、保险公司和信托公司。四大行业中，银行主要是创造信用货币；证券公司是做投融资中介；保险公司有经济补偿功能；信托机构替别人理财。这四大行业的基本功能并不会因互联网的广泛进入而发生改变，相反，互联网的特点使得金融行业的服务群体下沉，获得更多小微企业主和个人的欢迎，从而以最低的成本扩张业务，而且，互联网有利于投融资双方信息交流，减轻了因信息不对称而产生的负面影响。可以说，互联网与金融业的进一步契合，将成为金融改革的助推器。

“雷军在离开金山之后，做了一个天使投资人，投资了许多新兴的互联网公司，之后他在微博上说：‘用手术刀解剖自己，虽然残酷，但真实。’没过多久，他就找到了一大批能力超强的人才，联合创立了如日中天的小米科技，书写了小米手机的商业神话，从而让互联网思维和互联网金融的威力名动天下。而对于我个人来说，上述的种种思考和总结，也给我带来新的研究和创业方向，面对新的市场环境，我决定重新创业。

“幸运的是，通过多年的创业经验和对市场发展的敏锐嗅觉，我很快确立了发展和体现个人价值的方向——互联网金融。争取走在互联网金融的最前沿，做一个行业乃至一个时代的领跑者。”

齐巍先生问道：“你在从事互联网金融，所以你才有想写一本关于互联网金融的书籍，对吗？”

我频频点头：“对，我不只是要从事互联网金融，我决定用我的一生来实践互联网金融，我不只要写一本互联网金融方面的书，我要把我的实践写成一个互联网金融书籍的系列，根据互联网金融行业的变化，争取 2 年就要写一本新书，总共至少写 10 本，形成一个互联网金融方面畅销书的系列。”

齐巍先生又问：“哦，你公司目前主要做互联网金融哪方面的业务？”

我慢慢说道：“为了让自己的公司更具有互联网的基因，在创办公司前期，我需要进行资源整合，于是我选择了互联网经验丰富的侯玉斌先生、金融运作经验丰富的陈浩南，以及培训行业专家曾仕涵等许多互联网专家和金融专家，共同组建了两个公司：世纪华夏商会和金融邦集团，颠覆式的金融超市平台——梦工场也即将上线。”

世纪华夏商会以传播简单而专业的投融资知识为己任，帮助会员整合资源、资金，以实现财富自由为使命，是一个致力于资金、资源、知识整合平台建设的国际性商会。只要成为商会的会员，就能进入一个开放、协作和分享的平台，就能得到更多的全国性资源，为会员个人和企业飞速发展提供源源不断的动力。世纪华夏商会除了具备常规的平台功能，在我的理解下，它还是一个新型的众筹机构。

“众筹”一词，本义上是指通过利用互联网和社会化网络服务的特性，发动众人的力量，集中一部分人的资金、渠道和能力，为中小微企业和个人进行某个项目、某项活动或创办企业提供必要的资金援助的一种新的融资方式。随着互联网金融的进一步发展，众筹成为国内外发展最为迅速的一种商业运营模式。根据世界银行最新发布的《发展中国家众筹发展潜力报告》称：众筹模式已在全球45个国家创造了50亿美元的产业。最大的潜在机会在中国，预计2025年市场规模可以达到500亿美元。

在许多业内人士看来，众筹模式的特点主要是利用互联网的开放平台，有效地把产业和金融链接起来，它属于最接近金融本质的创新型融资方式，主要做的都是目前传统金融机构提供不了的投融资服务。中小微企业融资难、融资成本高已经成为一个世界性难题，关乎着数以千万计的企业生存与发展，所以这个问题的解决情况，对世界经济的结构和发展方向都有深远的影响。

众筹的类型多种多样，主要有募捐制众筹、股份制众筹、借贷制众筹和奖励制众筹等运营模式。举例来说，募捐制众筹相当于你投了100元，收到资金的一方只会表示感谢；股份制众筹是你投了100元，收到资金的一方送给出资人一定份额的股权；借贷制众筹是你投了100元，一定的期限后会还你105元；奖励制众筹相当于你投了100元，收到资金的一方送你一些礼物作为回报。这些模式都各有各的运营方式，互不冲突。

对于世纪华夏这个机构来说，我现在要做的，就是把它做成一家真正的互联网金融公司，同时还要让它像李开复的创新工场那样具有孵化器的性质，为一些有好项目的小微企业和个人提供资金、技术和市场的支持。除此之外，我还有一个更重要的使命，就是为金融邦平台“谋智”，将智慧价值通过引进新的人才，比如发展会员和客户，最终转化为商业价值和资本价值。

齐巍先生说道：“我听说你是中国互联网创业的第二代代表人物，认识很多创一代的大佬。”

我笑笑说：“哪里哪里，很多跟我们一同起步创业的互联网同仁都已经上市了，他们现在都不认识我咯……呵呵。”

这几十年来，通过互联网创业的一大批人都取得了巨大的成功，国外的互联网大佬有比尔·盖茨、史蒂夫·乔布斯、马克·扎克伯格、拉里·佩奇等；国内的有李彦宏、马化腾、丁磊、马云、刘强东……他们都是互联网大浪淘沙之后的成功者，获得了巨大的荣誉和财富。每一个满怀创业激情的人都非常羡慕他们所取得的成就，也渴望能像他们那样抓住互联网发展的机会，成就自己的一番事业。如今，一场所谓的第二次互联网革命已经打响，这样的机会也出现在每一个立志在互联网领域的创业者面前。

有人说，2013年两会过后的“习李新政”标志着一个新的创业黄金期的开始，中国将迎来一波新的创业潮。按照目前的发展趋势来看，这股创业潮主要集中在互联网领域。在创业的时候，我也想过一个问题：自己是选择个人创业，还是和别人一起创业呢？后来通过接触互联网领域，了解到众筹模式之后，我选择了“谋智”，即寻找优秀的合伙人一起创业，这是这个时代使企业发展最快的方式之一。

2014 年 3 月，有关阿里巴巴的两条消息吸引了我。其中一条来自路透社的消息称，阿里巴巴集团执行董事长蔡崇信接受采访时表示：“我无法理解的一点是，人们认为我们将调整合伙人制度，以实现在中国香港上市。这是不可能的。在中国香港市场，投资者会非常认真地看待一股一票。他们认为这是维持市场整体性的一方面。我尊重这一点。”蔡崇信的这番言论无疑给外界明确发出了阿里巴巴将不会为了在中国香港上市而调整合伙人制度的信息。

另外一则信息来源于《金融时报》，该报称阿里巴巴已基本确定在纽约，而非中国香港上市。最终，阿里巴巴官方微博在 2014 年 3 月 16 日发布公告：决定启动在美国的上市事宜，如果未来条件允许将积极回归国内资本市场，与国内投资者共同分享公司的成长。

阿里巴巴的一系列上市动作也表明其对合伙人制度的重视，而万科也在这个时候拟推事业合伙人制度，还有其他一些大公司也在重新布局，导入合伙人制度。这些新闻给我们带来一种猜测：在互联网金融时代，合伙人制度将成为热捧的公司制度，它打破了老板和职业经理人的界限，不再是甲、乙双方单纯的雇佣关系，而是几个人共同搭建一个事业平台，大家共同分享协作。世纪华夏商会就是这样一个平台，它聚集了不同行业的优秀资源，会员通过整合资源，极大地扩充了自己的资金、技术和市场等方面的优势，有利于壮大实力，成就大事。

商业模式是一个企业满足消费者需求的系统，通过组织管理企业的各种资金、原材料、人脉、客户渠道、信息、品牌、企业所处的环境、作业方式等资源，形成让消费者必须购买的产品或服务。按照通俗的理解就是一种赚钱的套路。而我创办的世纪华夏商会和金融邦集团，其商业模式都来自创业者的创意，再通过平台进行放大和补充“能量”。如此一来，等于构建了一个新的赚钱套路——“众筹＋谋智”。

在创业阶段，资源往往是不完善的，有一定的欠缺：有的是缺乏资金；有的是缺乏技术；有的是缺乏市场。总之竞争力“弱爆了”。所以，它们之中有很大一部分不是胎死腹中，就是半路夭折。他们要想成功，就必须去融合自己欠缺的资源，强化已经拥有的资源，提高自己在竞争层面上的优势。

我在创办金融邦和世纪华夏商会的时候，首先就考虑了两个要素：商业模式和团队。通过“众筹＋谋智”形式，找到了侯总，我就拥有了技术等方面的资源。金融邦的形式将是合伙人制度，而在世纪华夏商会，我通过开培训班授课的形式发展了一大批商会的会员，这样就拥有了技术、人脉、市场等许多方面的资源。试想，一个在短时间内就能拥有这么多资源的公司，其持久性与赢利能力肯定是毋庸置疑的。

在“众筹＋谋智”的商业模式下，各方资源几乎可以同步到位，增长速度属于几何级的，大大赶超了传统企业。因为我的平台为中小微企业提供的是当下急需的商业模式创新和优化的支持，并利用商会里所有会员的资源和智慧进行开放式的创新，这样就能在短时间内获得原来需要花几十万元甚至上百万元请专业咨询策划团队服务的成果。简单来说，传统企业的发展就像在爬楼梯，既辛苦，速度又慢，而我们这类企业的发展速度是在坐电梯，甚至是在坐火箭，能在一夜之间超过一些传统公司十几年的积累。

任何事物都是不断向前发展的，这个世界上“唯一不变”的就是“一直在变”。因此，在互联网金融时代，我们再也不能用过去的传统观点和理念来看问题，如果我们能在这个时代的大环境下营造一个快速发展的新型商业生态模式，我们就一定能成为这个时代的骄子。

我的这种新型的商业模式和合伙人制度将老板和职业经理人的关系彻底打破。从竞争层面上看，在这个互联网与移动互联网爆发的时代，能够淘汰行业老牌的，不一定是原来同行业多年的竞争对手，而很有可能是从别的行业“越轨”而来的创业者，甚至是让你感觉从天而降的“空降公司”， 外行的杀进了你的地盘，而你还没反应过来就一命呜呼。举例来说，用几年前的观点来看，如果有一家公司能淘汰新东方，那它一定是另一个新东方并值得老竞争对手学而思，而现在，很有可能就是 YY 语音；同样地，淘汰一家传统汽车品牌的不再是另一家传统汽车品牌，而很可能是特斯拉。2013 年，据英国媒体报道称，英国最大的童书销售商不是传统书店，也不是网络书店，而是快餐连锁店麦当劳；2014 年 3 月，招商银行独辟蹊径，宣布与韩国第一大咖啡连锁品牌“咖啡陪你”合作，启动“咖啡银行”网点的建设，将银行开进了咖啡馆。许多企业也在积极突破原有的行业界限，采用“越轨”战略，进入行业以外的领域发展。在这个互联网时代，一切皆有可能。

“越轨”战略打破了定位的限制，让企业可以颠覆传统，在市场中无边界经营，引发消费热潮，在激烈的行业竞争中创新，开辟一条新的生财之路。因此，“越轨”战略思维在国内外迅速流行，并被许多公司成功应用。

2012 年成立的中式快餐品牌黄太吉，采用快餐与咖啡馆相融合的形式，将黄太吉煎饼经营到互联网上，改写了传统美食的新传奇，6 个月销售额达到 1 亿元；北京优肯青少年国际俱乐部将篮球和英语相结合，开创了“篮球+英语”的新教育模式；史玉柱也将黄金酒从原来的保健品市场转向大众消费市场，让黄金酒的销售额迅速飙升；英国传奇亿万富翁理查德·布兰森创办的维珍集团旗下有200多个公司，几乎涉足了所有的行业领域……

而金融邦控股集团将咨询、培训、金融、孵化器等功能的边界打破，相互融合，目标就是做成像维珍集团那样的大公司。金融邦所有的公司都可以纳入平台资源体系中，采用“金融邦”这一个统一的品牌，进行大兵团作战，其间不涉及实际的控制权转移。另外它也可以单纯从平台的角度做成一个企业的孵化器，为需要融合和帮助的会员公司提供必要的资金、技术、市场和人才等资源的整合调配，努力为市场输送一个又一个创新型的互联网公司或项目团队。

就金融邦控股集团和世纪华夏商会的模式来看，它对于一些传统行业和暂时没有互联网思维的人来说，无异于在他们之中进行一次企业层面和思维层面的大革命，这场革命虽然没有流血和硝烟，但也轰轰烈烈，因为它将改变未来经济几十年乃至上百年的走向。正如某位在银行当了几十年行长的人所说：“互联网金融就像是一只活跃的老鼠，它轻而易举就动了银行的奶酪。”事实上，银行业现在仍是占绝对地位的经营主体，但当我们这些互联网金融公司将手伸到银行的基本业务上，银行将会惶惶不可终日，如果这个庞然大物仍然不能接受和走进互联网金融的世界，那么它将被这个时代抛向侏罗纪。

目前互联网金融还是试探性地进攻，并未让传统金融伤筋动骨，因此两个领域的人的看法还存在着很大差异。前段时间的陆家嘴论坛上，有一个银联总裁说：“传统金融是在跳国标舞，互联网金融是在跳街舞，它们服务的对象和监管标准都不一样。”我觉得他的这句话想表达两个层次的意思：第一，他觉得两者之间的服务对象不在一个层次上，服务对象不同；第二，互联网金融目前就像街舞一样，没有太多的条条框框限制，要好好利用现在监管对它相对宽松的有利环境。其实，我并不认同该银联总裁的观点，互联网的影响不是某一个行业、某一家公司能够阻挡的，它是现在的一个主流趋势。

传统金融机构的交易成本和门槛都非常高，它已经慢慢失去了原先的优势，甚至变得越来越不适应现在经济的发展要求，而互联网金融因为有大数据、云计算和移动支付等技术优势，使得信息处理的成本大大降低，支付更加便利。这样一来，互联网金融对于传统金融的冲击是显而易见的：首先，第三方支付的兴起改变了传统的支付形式，通过第三方渠道支付的，银行只是直接转账，而不能了解到客户的消费数据。其次，金融产品的发行方扩大以及对销售渠道的分流。比如，最近炒得沸沸扬扬的是2013年6月阿里巴巴推出的余额宝，短短十几天的时间，余额宝的用户突破了250万，募集的资金规模达到了66亿元。原来传统上大量的基金销售走的都是银行渠道，而现在都被转移到各种各样名目繁多的余额增值服务上去了。余额宝的惊艳崛起，发出了一个强烈的信号：互联网金融的突出特征——金融脱媒，正在对传统金融行业的业务产生明显的、巨大的影响。

而网络银行、民间银行的呼声，更是直接触及了传统金融的核心之一——银行业。马云因几年前“如果银行不改变，我们就改变银行”的言论再次被推上了风口浪尖。早在1995年，美国就在网络上成立了“美国第一安全网络银行”，这是在互联网上提供银行金融服务的第一家银行，也是在互联网上提供大范围和多种银行服务的第一家银行。将近十年的时间，互联网金融的风暴刮到了万里之遥的中国。

2014年3月1日，阿里巴巴官方向品玩网证实，阿里巴巴将和中国万向控股有限公司作为发起人申请民营银行牌照，而早在好几个月前，马云就在各媒体面前提出了建立阿里银行的言论。相对于阿里巴巴的高调来说，腾讯似乎在低调中更进一步，出其不意地在 2014 年 4 月 12 日放出消息，称其已经拿到了银监会关于民营银行的批文，将和深圳百业源公司牵头成立“前海银行”。就这一方面来说，阿里巴巴、腾讯等互联网巨头尝试民营银行的最大意义不是它们自己最终能做多大，获得多少利润，而是改变银行的行业规则，促使传统的商业银行进行自我改革，有利于推进互联网金融的进程。

此外，互联网金融对传统金融造成冲击的另一种体现是监管和政策。

在国外，虽然没有明确提出“互联网金融”这一词汇，但其依托互联网大数据为核心的金融创新形式早已屡见不鲜。以美国为例，其众筹平台由联邦证券交易委员会（SEC）负责监管，而第三方支付则由联邦存款保险公司（FDIC）负责监管。此外，美国于 2012 年通过了《创业企业融资法案》，这一法案放开了众筹股权融资，相当于降低了小微企业融资的门槛。总体来说，美国监管当局对待金融创新的监管方式有两种：一种是给予足够长的观察期，用以保护金融创新；另一种是针对现有的金融创新模式专门设计出多项化解和弱化风险的配套制度，在不损伤金融创新的基础上引导其健康发展。

在国内，当前社会上许多有影响的商业大佬都在力挺互联网金融，这就会产生一种舆论上的压力和冲击，迫使监管单位作出回应，并影响传统金融业的监管和政策。中国银监会副主席表示：要从四个方面入手：首先是适度监管，银监会今后将给定一些基本的最低的条件、门槛；其次是分类监管，今后要对互联网金融进行类别划分，给银行业创立一个公平的交易环境；再次是协同监管，现在主要实行“一行三会”分业监管、综合经营的模式，实行协同监管可以减少监管的套利；最后是创新监管，利用互联网技术来提高监管的便捷效率。

从目前国家监管部门不断出台的政策和法律法规来看，对互联网金融的发展还是给予一定支持的。毕竟，互联网金融作为一种新型的金融业态，对其监管需要格外小心，以免扼杀其创新发展的能力。

面对国家偏向于鼓励的监管政策，就目前的情况来看，传统金融行业大可不必如惊弓之鸟，感觉大难临头，因为互联网金融并没有动摇传统金融的核心地位。虽说互联网金融在支付、结算、信贷和理财方面都有所涉足，但还是涉足不深，它们很难保证资金的流动性、安全性和营利性。而且，互联网金融作为一个新生事物，它的“底气”显然没有传统金融机构足，在资金、经验、团队等方面都缺乏与传统金融的竞争优势。在这种情况下，互联网金融很可能成为传统金融行业的一个有益补充，传统金融机构可以培养自己的互联网思维，吸引一些人才，重新整合自己原有的模式和资源，做好战略布局，也可以在互联网金融大潮之中获得一席之地。

至于下一步将会发展成什么样的状态，社会各界也在进行激烈的讨论，我虽不能肯定在不久的未来，互联网金融一定会取代传统金融，但我可以肯定的是,互联网金融这一种新的思想已经产生并传播到了世界的每一个角落。

德国著名作家歌德曾说：“每一种思想最初总是作为一个陌生的来客出现的，而当它一旦被认识了的时候，就几乎无法把它同幻想和奇想区别。”这一句话说出了思想的独特之处，当它只是被个人或是一小撮人拥有时，拥有这种思想的人是孤独的，而当思想被传播出去，被所有人知道和接受时，思想就变成了改变社会的滚滚潮流。

互联网正由 Web 2.0 时代转向移动互联网 Web 3.0 时代，为这个时代带来了互联网金融，多少英雄豪杰迫不及待地想要在这一领域有一番作为。但从另一角度讲机遇与挑战并存，当我们在张开双臂拥抱未来的时候也需要保持警惕，别忘了当你伸出手臂的时候，同时也会把自己的内心暴露在公众的视野之下，这样就极容易成为被攻击的对象。就目前的情况来看，大多数想要变革的传统企业都具有许多可能性，稍有不慎，天堂地狱只是一瞬间而已。

因此，互联网金融时代，公司要想长期发展下去，就不能靠中间环节来赢利，否则将难以为继。在这个更加多元化、开放化的互联网时代，如果那些传统企业还把自身的愿景当美梦，每天想着靠个人、靠垄断资源和行业壁垒去获得竞争优势和企业利润，必定不会长久。

那些不去思考、跟不上互联网金融时代的公司，在未来的发展令人担忧，很难有一个转型和涅槃重生的机会。我希望看到的就是用“众筹+谋智”的商业新模式，把我的互联网金融公司和平台——金融邦控股集团与世纪华夏商会运营好，让更多的创业者获得成功，让更多传统的企业都能接受我提供的“香木”，涅槃后成为一家快速发展的新型互联网金融企业。

齐巍先生不紧不慢地说：“我被你的热情深深打动，我相信你在这个领域一定能成功。”

我有点不好意思地点点头：“齐大高才生，忘了今天请你来是想让你帮我想个书名了，哈哈！”

齐巍先生胸有成竹地说：“我刚刚边听边思考，心里有了想法，两个名字：第一个《“越轨”互联网金融》；第二个《互联网金融——颠覆时代的金融革命》。”

我喜出望外：“高才生就是高才生，果然不凡。”

我沉思了片刻：“互联网经过这些年的发展，已经迈入了一个节点，即将再次颠覆传统行业的格局。我们就定这个名字《互联网金融——颠覆时代的金融革命》，感谢齐先生赐教。”

第三章 互联网金融元年，银行不改变，我们就改变银行

2014 年的开端，在互联网巨头的带领下，一场金融革命正在进行，无论这场革命会把我们引向康庄大道，还是荆棘密布的未来，这都是不可逆转的。

聚焦互联网金融

2008 年，马云发出了“如果银行不改变，我们就改变银行”的豪言壮语，当时很多人都认为他是在一贯地虚张声势，很多传统金融机构根本就不把他这句话放在眼里，但后来随着互联网的发展却让很多传统金融机构大跌眼镜。让我们来看看到底发生了什么……

2013 年被称为互联网金融元年，在这一年里，互联网思维如同一场当代的文艺复兴，影响并改变着传统的金融业态和格局。银行、券商、基金、保险等传统金融业机构开始积极谋变，以巩固既有的优势地位。而阿里巴巴、腾讯、百度、新浪、京东、苏宁等互联网企业则开始在金融领域跑马圈地，并试图构建自己的业务模式。这些金融“新贵”成了金融业的“搅局者”，打破了固有的金融格局。

除此之外，伴随着互联网金融的浪潮，金融领域也出现了不少“新兵”。除了早期的P2P贷款服务平台，垂直搜索、智能理财、众筹平台等互联网金融形态也纷纷涌现，并逐渐得到监管部门和资本市场的认可。

金融“新贵”现身

这一年，一向“门禁森严”的金融业出现了众多“搅局者”。依托云计算、社交网络、搜索引擎等信息科技，凭借用户、渠道、流量等独特优势，互联网企业探索出一套不同于传统金融机构的业务模式，并逐渐搭建起了自己的金融版图。

2013年，阿里金融在成功涉足小贷、担保等金融业务后，逐渐把目光转向了基金、保险、银行等传统金融行业。在成功推出货币基金产品——余额宝后，2013年10月，阿里巴巴出资11.8亿元入股天弘基金，成为其控股股东。与此同时，阿里巴巴参股的互联网保险平台——众安在线也于11月揭牌。

此外，尽管阿里巴巴否认申请银行牌照，但在业内人士看来，目前阿里金融的众多业务已经基本具备了银行的“内核”。余额宝、阿里小贷、支付宝已经间接实现了银行三大核心业务——“存”“贷”“汇”的功能。

除了直接参股、控股金融业机构，阿里巴巴还推出金融云服务——“聚宝盆”，此举被视为从技术外围包抄传统金融业。

2013年11月27日，阿里巴巴在北京宣布，将以旗下阿里云计算为支撑，结合支付宝等资源，推出面向银行、基金、保险及证券等金融机构的专业的金融云解决方案，例如计算资源和互联网运维，以降低网上交易支付的开发和IT（信息技术）成本。

除了阿里巴巴外，另外两大互联网巨头——腾讯、百度，门户网站新浪、网易，电商平台京东、苏宁当然也不甘落后，陆续公布和推出了与互联网金融相关的规划和业务。

拥有庞大用户群体的腾讯已成为银行、基金、券商、保险等金融机构争相合作的对象，与此同时，腾讯自己也已开始涉足支付、保险、小贷，甚至是民营银行领域。

而百度方面，除了与金融业机构合作，目前其自身的平台上已设立了百度钱包、百度金融中心、百度理财等面对个人用户的金融产品和服务。此外，百度也在规划开展面向中小企业的“百度小贷”、面向金融客户的“金融知心”等业务。

新浪除了联合嘉实、南方、易方达三家基金公司共同推出基金产品外，后期亦不排除涉足保险、信托等其他金融产品代销业务，并有意联合券商开展网络券商经纪业务。

“老牌”机构谋变

互联网金融的开放平台、去中心化、数据为王等互联网思维为新型金融业态的出现创造了更多机会，也给银行、券商、基金、保险等传统金融业机构带来了诸多挑战。

2013年11月14日，上线仅5个月的余额宝规模突破1000亿元，用户数近3000万户，相当于国内全部78只货币基金总规模的20%。而此前名不见经传的天弘基金也一举“逆袭”，成功进入基金业第一梯队。

余额宝的成功不仅引发了基金业的“触网”热情，也让所有金融业机构见识到了互联网金融蕴藏的巨大潜力。

2014年以来，天弘、华夏、南方、易方达、汇添富等基金公司已经与阿里巴巴、腾讯、百度、新浪、京东等互联网企业在产品、渠道和股权等层面展开了深度合作。

互联网金融持续升温：百度推出“百度百发”；阿里金融的版图进一步扩张；京东发力供应链金融；腾讯开启基金战略……在这些互联网巨头快速把触角伸入金融领域的同时，传统金融巨头也醒悟过来，开始采取各自的应对策略：中国建设银行推出了“善融商务”；中国工商银行致力于打造“大电商平台”；中国农业银行成立了“互联网金融实验室”……

说了这么多，互联网金融的概念究竟是什么呢？它是互联网与金融两个行业结合起来的新产物，其依托于支付、云计算、社交网络以及搜索引擎等多种高新技术，将“平等、开放、协作、分享”的互联网精神融入了金融创新中。

面对这样一种新兴的金融服务模式，我们能深刻感受到，原本堡垒森严的银行业已经感觉到了威胁，因为它们已经被百度、腾讯、阿里等众多的互联网金融入侵者撬开了一道缺口，如果它们不跟着改变，就会落后于时代。

2013年6月5日，支付宝联合天弘基金推出了余额宝，这项余额增值服务在推出后不到一个月的时间，用户量突破250万户，规模达66亿元，之后其人数和规模呈井喷式增长。截至2014年1月15日，余额宝规模已经超过 2500 亿元，而天弘增利宝（余额宝）基金规模在全球货币基金中可排至第 14 位。到了 2014 年 2 月 27 日，余额宝用户量已突破 8100 万户。

不到一年的时间，余额宝和天弘基金的数额都得到了翻天覆地的增长。在这样的环境下，金融业在互联网与金融融合之后定会爆发出巨大能量。互联网大佬们为了抢夺第一批进入互联网金融领域的用户，甚至不惜自掏腰包来提升用户数量。例如，马年春节时，在大多数微信用户眼里，最热闹的不是发送电子贺卡或是短信拜年，而是“微信红包”， 微信团队通过这几毛钱甚至几分钱的红包，在除夕到正月初八这短短几天时间里，吸引了超过 800 万用户参与活动，并领取了 4000 个红包。火爆程度可想而知，在网上还流传出了一首《沁园春·红包》：“望群内群外，人人兴奋，两眼放光，魂牵梦绕。手机之外，一片萧条，线下活动，统统推掉……”

余额宝与微信红包等对传统金融行业的冲击，是许多金融从业者万万没有想到的。它们能在这么短的时间内实现成交，非常不容易。上述两个产品的火爆，只是互联网金融的一个小小缩影。

据相关媒体报道，仅仅在 2014 年 1 月，中国银行、中国农业银行、中国建设银行和中国工商银行四大行流失的存款达到了 7000 亿元。据一位国有银行的工作人员透露，原先银行的客户经理只需要稳坐办公室，储户就会自动上门，现在为了完成指标，不得不放低身段，去大街上和其他公司一样招徕客户。

在 2014 年的开端，通过互联网巨头的带领，一场金融革命正在进行，无论这场革命是把我们引向康庄大道还是荆棘密布的未来，这都是不可逆转的。不过到目前为止，互联网金融还是被作为一个新生事物来看待，不同的人有不同理解。

互联网金融的发展历程

读者朋友不要因为互联网金融这几年在中国非常火，就认为它是中国特色社会主义市场经济的产物。实则不然，互联网金融产生于全球性的金融创新。

20世纪90年代开始，互联网技术的进一步发展推动了发达国家和地区的互联网金融的出现和扩张，出现了网络银行、网络保险、网络个人理财、网络企业理财、网络证券交易以及网络金融服务等新的产品和服务方式。

第一，在互联网金融模式下，网上银行业务已经走向成熟。这主要是因为网上银行的成本低、服务便捷，获得了银行的大力推广以及用户的广泛支持。1995年10月18日，全球第一家虚拟银行——安全第一网络银行在美国诞生，其前台没有柜台，都是在互联网上进行，其后台处理只集中在一个地点进行。2000年7月3日，西班牙Uno-E公司同爱尔兰互联网银行First Group（第一集团）正式签约，组建了业务范围覆盖全球的第一家互联网金融服务企业UnoFirst Group。短短几年间，全球1000多家大银行就有700多家设立了互联网网址。发达国家85%以上的银行都已经有了网络金融服务业务，汇丰、樱花、花旗等全球大型的银行集团都筹备了自己的网络金融部门。

第二，在银行业大规模地迈入互联网金融时代时，证券业也不甘落后，纷纷加入互联网金融行列。美林证券是世界上最大的金融管理咨询公司之一，其总部设在纽约，它在成立网上投资银行后，以大大低于传统金融公司的价格推出了网上股票服务。这项服务一经推出就得到了用户的追捧，各大证券公司也纷纷加入了网上交易的行列。根据相关数据显示，截至2003年12月，美国证券交易总额已达到近9000万亿美元，其中网上证券交易额占据30.8%。

第三，网上保险业务在美国最先出现，美国国民第一证券银行首创通过互联网销售保单业务。现在美国已经有50%的网络用户通过互联网查询机动车辆保险费率，有30%的用户倾向于网上投诉。而英国将网络保险的业务范围进行了扩展，使其不再局限于汽车保险，还包括意外伤害、健康以及家庭财产等一系列个人保险产品。2000年，英国建立了“屏幕交易”网站，提供7家本地保险商的汽车和旅游保险产品，用户数量以年均7%的速度递增。

第四，网上支付业务变得越来越活跃，而电子货币、信用卡等电子支付产品也得到了广泛的应用。1995年，西斯敏银行开发了智能卡为基础的“MODEEX电子货币系统”。根据JUPIRER通信公司的统计，2000年，美国互联网商业营业额为73亿美元，其中以电子卡、智能卡等方式支付的比例占到了一半，以PayPal、WorldPay、Amazon Payments、PayDirect等第三方支付工具为代表，第三方支付模式以其安全、快捷等优势已经发展成为目前电子商务中普遍采用的一种支付方式。

在全球范围内，目前互联网金融还出现了三种新的形式：P2P网贷、众筹平台、移动支付。

首先，获得诺贝尔和平奖的孟加拉国银行家、经济学家穆罕默德·尤努斯开创和开展了“小额贷款”的服务，他的“普惠金融”理念在互联网金融时代有了一个新的代表——P2P网贷借贷平台。2005年，第一家P2P网贷公司Zopa在英国成立，截至2012年6月底，Zopa累计撮合成交了1.85亿英镑。信用良好的借款人可以通过Zopa筹集到低于银行成本20%的资金，而出借人也可以获得比储蓄账户更高额的回报率。此后，P2P网贷模式以其便捷的操作模式、合理的手续费率、差异化的利率等优势迅速在全球范围内传播和发展。

其次，近些年来众筹融资这种形式也从概念转到了实际经营，并迎来了黄金上升期，成为国外最热的创业方向之一。2012年4月，美国通过《创业企业融资法案》（即《JOBS法案》），允许小企业通过众筹融资获得股权资本，使得众筹融资替代了部分传统证券业务成为了可能。

最后，移动支付发展迅猛。随着网络技术的进一步发展和智能手机的普及，属于移动互联网的Web 3.0时代已经来临。移动通信设备渗透率早已经超过了正规金融机构的网点和自助设备，移动通信正同互联网金融紧密结合。据统计，2011年全球移动支付交易总金额为1059亿美元，而这一数据在2012年很快被刷新到1631亿美元，比上一年足足增长了54%。

上面介绍了全球范围内互联网金融的发展概况，而在国内，互联网金融的发展脉络孕育于2011年，于2012年得到了迅速发展。

2012年4月，中国平安保险集团董事长马明哲与腾讯公司首席执行官马化腾、阿里巴巴集团董事局主席马云共同协商并确立成立一家网上保险销售公司，这家公司不设任何实体分支机构，产品需求来源于互联网，通过互联网技术手段解决全部的技术问题，并完全通过互联网进行销售和理赔。本次协商竖起了“三马卖保险”的大旗，标志着这三家公司开始探索互联网金融之路。2013年9月29日，中国保险监督委员会正式发布批文，同意筹建平安保险、腾讯公司、阿里巴巴集团共同提出的“众安在线财产保险公司”（简称众安在线），筹建期为一年。这是中国企业在互联网金融创新上的一次“破冰”。

在 2013 年，互联网金融在国内正式爆发，关于互联网的分析与讨论不断，社会各界乃至国家政府都把关注的焦点集中在了互联网金融领域。同国外相比，我国的互联网金融虽然起步较晚，但发展速度令人咋舌。国内的第三方支付、P2P 网贷平台、众筹平台以及移动支付等新的模式正在异军突起，彻底改变了金融业的面貌。

对于传统的金融业来说，互联网金融时代的到来既是机遇又是挑战，它们纷纷接触了互联网，将传统业务与互联网相结合，加速了信息化金融机构的布局。以中国建设银行、交通银行和中国工商银行为代表的商业银行正在以电商平台合作，提高对互联网新技术的使用效率。比如，中国民生银行于 2013 年 9 月 16 日宣布与阿里巴巴集团签署了战略合作框架协议，而在两天之后，北京银行宣布与荷兰的 ING 集团开通直销银行服务模式。

此外，传统的互联网大佬们也积极部署，大张旗鼓地挺进互联网金融市场。其中，阿里巴巴集团贯彻之前确立的“平台、金融、大数据”三大未来发展策略，先后推出了阿里小贷、淘宝信用贷款、余额宝以及筹备成立阿里银行；百度启动了百度小贷、百度金融的布局；京东宣布成立金融集团。

当然，面对迅速发展的互联网金融，国家与政府也陆续出台了各种政策支持和规范互联网的发展。

“忽如一夜春风来，千树万树梨花开”是互联网金融在中国发展的真实写照。也许，许多人现在对于互联网金融还处在懵懵懂懂的阶段，它就突然间以一个庞大的身躯出现在公众的视野中，并以摧枯拉朽之势，极大地改变了我们每一个人的日常生活。

2013“互联网金融”元年十大热点事件盘点

1. 12月31日，“余额宝”规模突破1800亿元

银河证券统计显示，截至2013年12月31日，余额宝（天弘增利宝货币基金）的规模已经达到1853.42亿元，成为市场上规模最大的公募基金。天弘增利宝货币基金以最快的增长速度从一家不知名小公司，一跃成为业内“老二”，资产管理规模仅次于老王牌公司华夏基金。

辣评：基于余额宝的互联网金融模式创造基金纪录的同时，天弘基金也面临着一系列问题。金融业内人士评价天弘基金是“催生的早产儿”“营养过剩儿童”，意指天弘通过余额宝这个母体超快速地获得了大量的资金，但整个管理运行团队并非一流团队。同时，余额宝培养了民众“天天收益”的习惯，却没有培养其足够的“风险意识”，这些不可避免的矛盾或将使得2014年成为余额宝的“阵痛年”。

2. 10月28日，“百度金融中心—理财”正式上线，互联网巨头百度进军互联网金融

百度携手华夏基金、嘉实基金等“行业王牌大佬”推出的“百发”“百赚”系列基金产品，日均开户数、日均销售额均创下年度纪录，以年末“高收益”产品引发新一轮网络理财狂欢。

辣评：首先，百度利用互联网第一入口优势试水互联网金融，短短两个月便赚足了受众眼球。2013年百度拿到了“第三方支付牌照“小贷公司牌照”，但未拿到“第三方基金销售牌照”。2014年业内预计

百度将于2月底前拿到“基金销售支付结算牌照”。其次，移动支付的迅速成长。百付宝可以为占搜索行业72%市场份额的百度流量商业变现，预计这不仅将是百度完善交易闭环的重要工具，也将是百度金融理财的重要载体。除此之外，百度还拥有手机百度、百度地图等14款用户量过亿的移动端产品，这最大程度上保证了百度移动支付的用户量和流量资源。预计在新的一年里，BAT三大传统巨头围绕移动支付、移动金融会有一场更加激烈的战争。

同时，百度的“行业大佬合作策略”或将继续升级，其平台入口优势凸显，与基金、银行、券商甚至是保险资金等行业的合作模式有望出现历史性升级。如百度与华夏基金或将展开更深入的合作，比如注资入股、合作成立新公司等，联手抗衡“阿里+天弘”模式。同时，“百度金融”的整体战略一直未公开，是否会绑定百度其他产品服务，引人遐想。2014年百度发展值得期待。

3. 10月10日，苏宁云商获批基金销售支付结算牌照，加入电商平台金融战

早在2012年7月，易付宝便获得第三方支付资质牌照，此次“第三方基金销售支付牌照”的获得，让易付宝可接入基金，为基金提供支付服务。据了解，苏宁目前已经与多家基金公司进行接洽，并达成了合作意向，近期就会推出面向个人消费者的余额理财业务。针对苏宁开放平台的商户及供应商的企业版的基金理财产品也在研发阶段。

辣评：苏宁自“触网”以来，紧跟各大巨头的“时尚步伐”，阿里打到哪儿，苏宁也步步紧随。本次获得基金销售支付牌照，区别于阿里的全线上运营，苏宁云商拥有全国1600多家门店资源，金融理财服务未来极有可能从线上延伸到线下。2014年拥有第三方支付牌照、基金销售支付牌照，加上积极筹备民营银行等举措，苏宁与阿里在“互

联网金融”的竞争中将赢得独特优势。

4. 8月13日，工信部成立互联网金融工作委员会

8月13日下午，由工行、建行、农行等26家金融机构发起的互联网金融工作委员会正式成立。工行、农行、建行、浦发银行、平安银行、国泰君安等系列金融机构都在发起名单内，京东商城、易宝支付、新浪支付、宜信、我爱卡等公司也在其中。

辣评：互联网金融是个新生儿，据悉，央行、银监会、保监会、证监会、法制办、工信部、公安部都在纷纷调查研究中，各部委的目标是研究如何监管，而这26家自觉发起单位应该就是“自愿样本”了，但没看到阿里、百度的身影，我在此表示深深的遗憾。

5. 8月9日，中关村互联网金融行业协会诞生

8月9日，京东商城、当当网、拉卡拉、用友软件等33家单位发起成立了中关村互联网金融行业协会。这是全国范围内第一家互联网金融的行业组织。为解决互联网金融模式下企业信用管理问题，中关村互联网金融信用信息平台也于当日启动。

辣评：较工信部的26家发起单位，此次中关村版被视为工信部互联网金融工作委员会的“屌丝版”。互联网金融借助互联网、移动支付、搜索引擎、大数据、社交网络和云计算等先进技术手段，大幅度降低市场交易的成本，使得类似“借款200元”“1元理财”等“屌丝”金融需求的实现变成了可能。目前该协会的成员都非一线巨头，成立后的自律作用是否发挥，是否能迎来巨头们的参与，老百姓是否认可？2014年就是重要的“表现年”，各位首批会员仍需加油。

6. 8月7日，京东宣布进军互联网金融

8月7日，京东宣布进军互联网金融，并透露京东“京保贝”融资业务在四个月后上线，个人融资理财业务将于2014年1月底前上线。

直至12月中旬，京东旗下第三方支付公司网银在线获得“基金销售支付结算牌照”。据悉，目前网银在线已与70多家基金公司进行了合作洽谈。

辣评：作为电商企业“最烧钱”的老二公司，京东在2013年实现了赢利，引得一批投资人欢欣鼓舞。媒体认为，进军互联网金融是其模仿阿里模式的必修之路。个人认为，互联网金融目前就是大蛋糕，谁都想咬两口，但互联网在细分领域总是以“第一企业独霸江湖”的模式，估计京东再发力也只能继续争夺电商类互联网金融老二的位置。

7. 8月5日，微信上线“微信支付”功能

8月5日，微信5.0正式上线，早前外界猜测的“支付功能”“公众平台分类”等功能得到验证。不仅捆绑了腾讯旗下的电商平台“易购”，也推出了便民的话费支付、电影票支付、水电费支付以及虚拟货币购买等。

辣评：“微信支付”的推出无疑是一件大事，对于拥有超过6亿用户的交流平台，不仅能说话还能买东西。这无疑成了阿里、京东等电商巨头的“心头忧”。然而，11月零点研究咨询集团调查发布了7大城市微信用户使用微信支付的情况，调查显示，“微信支付”功能目前并未被大众接受。在1020份问卷中，只有3.3%的用户表示经常使用，认为该功能重要的人数仅占8%。

8. 7月6日，新浪获得第三方支付牌照

7月6日，新浪旗下的北京新浪支付科技有限公司与其他26家公司一起获得牌照。业务范围主要包括互联网支付与移动电话支付。新浪称，在拿到支付牌照之后，支付将成为微博的基础功能之一，使新浪全面打通微博电商及O2O（online to office, 线上到线下）的商业闭环。而此后新版微博客户端将推出个人用户的钱包、卡包功能，其中钱包将推出手机充值、水电煤缴费等生活服务类功能，卡包则包含会员卡

优惠券的领取及购买功能。

辣评：新浪作为门户出身的“商业基因”总是被质疑，第三方支付牌照的获得，让新浪拥有了“商业之手”，微博业务的“商业模式”也变得更加清晰。曹国伟多次强调，支付是微博基础设施的一部分，就商业化而言，移动支付是移动生态环境不可分割的一部分。不过，此后半年的实践表明，微博钱包等的应用并不是很受依赖，新浪微博的活跃度也持续下降，期待作为股东的阿里巴巴让新浪微博在2014年出现新生机。

9. P2P大洗牌

从2013年8月起，爆发了P2P倒闭潮，2013年为该行业的“洗牌”年。网贷之家数据显示，2013年全国主要90家P2P平台总成交量490亿元，平均综合利率为23.24%。其中有74家平台出现提现困难，大部分集中在四季度。其中12月倒闭的平台只有10家，此前11月为30家，10月为18家，可见倒闭潮已趋于放缓。

10. 建行、农行等成立互联网金融中心，传统银行转型“互联网”金融

2013年6月，农业银行成立“互联网金融技术创新实验室”，由创新领导小组、创新实验基地和创新志愿者三级架构组成，对互联网金融相关的关键性技术领域主动进行前瞻性研究。据悉，具体工作将涵盖创新交流、创新征集、创新梳理、创新宣传、创新试验、创新成果评估与推广、创新奖励以及专利申请等多个方面。

建设银行在推出善融商务后，2013年首推“智慧银行”，在过亿网银用户的基础上，与UC浏览器、新浪微博、腾讯微信合作，开发“微博客服”“手机浏览器插件支付”“微信银行”等项目，试图打造传统银行的“互联网金融”体系。

浅谈互联网金融的九大风险

互联网金融自从2011年在中国兴起以来，已经度过了传奇般的三年。在这三年时间里，互联网金融的“六脉神剑”已经所向披靡，渗透到了经济生活的方方面面，成为不可或缺的重要一环。不管目前国民对于互联网金融的接受度如何，作为一个金融行业的从业者，都有义务和责任去让更多的人了解互联网金融。

《孙子·谋攻篇》有言：“知己知彼，百战不殆。”在互联网金融方兴未艾之际，我们应当抽出更多的时间去了解它，只有这样，我们才能成为这个时代的弄潮儿。互联网金融的核心还是属于金融，互联网在大多时候充当的是一个技术工具提供者的角色。这也就意味着，互联网金融不仅要面临传统金融所面临的系统性风险、信用风险、技术风险、操作风险等，同时作为一种更为超前的金融模式，互联网金融也具备其自身的风险特点。从很大程度上说，互联网金融风险的特征是由互联网金融技术所决定的。

第一，金融风险的扩散速度快。常见的几种互联网金融模式包括第三方支付、众筹、P2P网贷平台等，是因为它们都能利用互联网技术进行远程处理，不需要线下见面交易，提高了效率。但与此同时也加快了支付、结算及金融风险的扩散速度。毕竟，传统的纸质支付交易结算中，对于交易双方中任意一方的偶然失误或差错，存在着一定的补救时间，而在互联网或者移动互联网内流动的并不是现实货币资金，而是数字化的信息。所以，一旦金融风险在短时间内迅速爆发或传播，想要化解并非易事。

第二，金融风险监管难度大。网络银行、手机银行、P2P 网贷等形式在交易或支付过程中均在互联网或者移动设备上进行，这种虚拟化的交易让金融业务不再受到时间和地理位置的限制，人们在任何场合都能买到他们想要的产品，或是借到一笔贷款。这种改变使得交易的对象越来越模糊，交易的过程也不再透明，仅凭借一些公开的信息来判断交易风险，造成了金融风险形式的多样化。另外，由于监管者与被监管者之间获得信息可能会存在不对称性，国家相关的金融监管机构很难准确了解到金融资产的实际负债情况，这就造成了相关机构难以预测到可能存在的金融风险，很难采取有效的金融监管措施。

第三，金融风险交叉感染的概率增加。这一点也是因为互联网金融的新特点而引发的。过去，传统的金融监管为了降低金融风险，主要经过分业经营、设置市场屏障以及特许经营等方式将金融风险隔离在相对独立的领域。互联网金融依托于网络，这种物理隔离的方式对其并没有什么实际的效果。随着我国多家银行商业部门以及相关业务的开展和完善，使得互联网金融企业与客户之间不断渗透和交叉。同时，各金融机构间、各金融业务及种类间、国家间的风险相关性也进一步增强，一旦某一方面发生问题，牵连方将会越来越多，甚至是跨行业、跨地域、跨国家的。由此可见，互联网时代，金融危机的突发性越来越大。

那么具体来说，互联网金融具备哪些层次的风险呢？

1. 系统性金融风险

所谓的系统性金融风险，主要是指单个或者少数金融机构遭受巨额损失，或破产后整个金融系统会有崩溃的风险，以及对实体经济产生严重负面效应的可能性。

随着互联网金融的进一步发展，出现了金融脱媒的趋势。“金融脱媒”又称“金融非中介化（Financial Disintermediation）”，它指的是在交易时跳过所有的中间人而直接在供需双方间进行。在互联网金融的背景下，融资方和投资方不再依赖银行、券商或其他金融中介进入资本市场来投融资。

许多学者对互联网金融产生的风险进行研究后总结了以下四大特点：第一，系统化金融风险是针对整个系统或者全局的功能产生的影响或破坏，而不是指某一个机构或者局部；第二，系统性金融风险具有非常强的蔓延和传染特性，很有可能会让毫无关联的第三方承担损失；第三，系统性金融风险具有很强的溢出效应；第四，领先的技术、高效的业务发展以及快捷的支付系统成就了互联网金融，但也造成了风险快速传播的可能性。

我国目前虽处在互联网金融的蓬勃发展期，但也要认识到现今的国内外经济环境。一方面，当前的国际宏观经济环境在美国金融危机和欧债危机之后；另一方面，国内正如火如荼地进行着经济结构的调整。我国系统性金融风险主要体现在三个领域：经济风险从微观层面迅速上升并转嫁成为金融风险；信贷集中与信贷期限结构长期失衡风险；金融创新形成的市场风险。

2. 流动性金融风险

以商业银行为例，它可能因为无法提供足额的资金来应付资产增加需求，或者出现到期债务的相关风险，其产生原因主要是由资产与负债的差额以及期限的不匹配引起的。流动性金融风险按风险的成因可分为两类：一类是融资流动性风险，是指为获取足够的资金履行其支付义务产生影响正常运作或基本财务状况的风险；另一类是市场流动性风险，是指因市场原因导致出售资产或平仓时，可能会遭遇市价大幅下跌，从而导致损失。

流动性金融风险具有不确定性强、冲击破坏力大等特点，被称为“商业银行最致命的风险”。自金融系统产生以来，流动性风险就一直存在于商业银行的整个经营过程中。

3. 信用风险

信用风险是金融市场最古老、最重要的风险之一，指的是交易一方违约而无法履行合同义务给另一方造成损失的概率。我国金融业的利率尚未完全市场化，商业银行的主要收入仍来自存贷款的利差收入。在这一情况下，信用风险是我国商业银行面临的主要风险之一。

4. 技术性风险

所谓“道高一尺，魔高一丈”，计算机系统、互联网金融软件等如果没有足够的防火墙和防御体系，就会很容易被病毒或者其他黑客攻击而引发技术性风险。计算机硬件如果受到自然灾害和人为破坏，软件和数据也会受到病毒的侵扰和非授权用户的复制、损坏或篡改。当前计算机的硬件和软件技术仍处于不断变化发展的阶段，客户的身份信息很容易被黑客和不法分子获取。

5. 操作性风险

该类风险是指由于金融机构办理业务或内部管理出了差错、人员缺陷（内部人员监守自盗、外部人员欺诈）、系统缺陷或因外部事件导致直接或间接损失的可能性。这类风险的涉及面非常广，且可控性小，关联性强，已经成为我国互联网金融面临的主要风险，直接关系着互联网金融能否保持稳健增长。

6. 市场风险

这类风险是指因利率、汇率、股票价格和商品价格等的不利变动而使金融机构业务发生损失的风险。市场风险与金融市场本身的成熟程度相关，市场越成熟，市场风险就越小，其主要包括利率风险、外汇风险、股票价格风险和商品价格风险等。

互联网金融从事金融业务的风险主要表现在由于利率、汇率等变化而造成的市场风险。随着金融衍生工具交易的迅猛增长，在全球范围内也发生了几件震惊世界的银行和金融机构危机大案，如1997年的亚洲金融危机、1998年的美国长期资本管理公司（LTCM）事件等都影响深远。美国有超过500家银行更是在2007年以来的金融危机期遭遇破产。

7. 国别风险

我国银行业监督管理委员会（银监会）对国别风险给出了官方的定义，主要是指由于某一个国家或地区的政治、经济、社会变化和事件，导致该国家或地区的借款人或债务人没有能力或者拒绝偿付银行业金融机构债务，或使银行业金融机构遭受其他损失的风险。

通过对国别风险的了解，我们不能把它当成是一般的境外风险。一般的境外风险可能只是来自某一境外的交易对手，而国别风险则是来自一个国家或者地区。

8. 法律风险

互联网金融的快速发展一方面说明我国的金融创新力度大，另一方面说明在国家宏观调控的背景下，传统金融服务还不能满足大众的需求。

由于互联网金融在发展过程中，基本上都是采用无纸化的交易与支付，电子货币自身的交易特点以及电子货币系统运作过程中法律框架还不完善，尚未涵盖电子货币运作和交易各方的争议及纠纷。这就很可能会给互联网金融参与机构带来不利的影响。因此，我国在互联网金融发展过程中，要根据互联网金融的发展需要不断完善相关的法律法规。

9. 声誉风险

互联网自身的技术特点决定了互联网金融的声誉需要防控。互联网金融机构的声誉风险主要来源于机构自身经营不善和金融交易非主体的技术故障、欺诈等行为。一旦发生了声誉风险，就会通过互联网更快、更便捷、更大范围地进行传播，这将会对金融机构产生巨大的损害。比如，电子货币系统很容易受到黑客的攻击，一旦被不法分子掌握了关键技术和数据，伪造起来就非常容易，这将会给系统和发行机构带来重大损失，从而威胁到发行机构的稳定性。

此外，还有网络故障导致客户无法使用互联网金融机构的账户、消费者信用卡号和密码等重要数据被盗用等，这都很容易引发对互联网金融机构的声誉风险。

因此，进入这一领域的人在激情的同时也要保持一份冷静。毕竟，互联网金融有风险，入行需谨慎。

互联网金融风险控制的方法

目前国内互联网金融存在着虚火过旺的情况，据中央财经大学金融法研究所所长黄震称："2013 年互联网金融被大家称为野蛮生长，就像一头牛到地里什么菜都吃。现在来看，互联网金融发展已经有些虚火，风险和隐患也在此集聚。一些创新产品现在缺乏系统、有效的监管。"

情况的确如此，越来越多的人才、行业、资金都在这一两年内聚集在互联网金融领域，加之这一新兴的事物还未形成一个规范的行业标准，也没有完善的法律法规来规范各家互联网金融企业的经营。

当然，了解到这些现状之后，并不是要勒住互联网金融这匹骏马的脖子，而是要慢慢地给它修一个专用跑道，让它能在专用跑道里奔跑，而不至于跑去践踏庄稼。因此，为了让互联网金融这匹“马”健康成长，各方面的人员和机构都需要强化风险意识。作为一个互联网金融的从业者和研究者，我建议大家防范风险，但也不要惧怕风险。风险并不可怕，只要我们知道风险在哪里，并且进行提示、披露和设计风险的控制机制，就能规避风险，找到互联网金融发展的赢利点。

当互联网金融席卷而至时，我们需要做好风险控制。互联网金融的风险控制在很大程度上依赖于经营环境以及个人信用制度的建立、管理和完善。其中，个人信用制度的建设和管理是一项非常重要的基础工作，将直接影响到互联网金融业务是否能够健康发展。

美国是建立个人信用制度最早的，也是最健全的国家。早在1970年，美国国会就制定了《公平信用报告法》，并于1971年4月开始实施。其在该法案中明确提出：“金融业系统建立在公平及准确的信用报告基础之上，不准确的信用报告会直接影响金融系统的效率，不公平的信用报告方法会削弱公众的信心，影响金融业持续发展的基础。”这段法案的内容强调了信用对于金融业发展的重要作用。

经过几十年的发展，美国有非常完善的三大信用局（Equifax、Experian、TransUnion），并有1000多家地方信用局，收集着美国约1.8亿成年人的信用资料。这些信用机构都是私人机构，它们有偿提供信用报告。

反观中国，央行的企业信用基础数据库始于1997年，在2006年7月才实现全国联网查询。而其个人信用信息基础数据库最早始于1999

年，2005年8月底完成与全国所有商业银行和部分有条件的农村信用合作社的联网运行，于次年1月正式运营。2013年3月15日，我国首部征信业法规——《征信业管理条例》正式开始实施，其从酝酿到施行已经经过了整整十年。

在这之后，国内又出现了一些地方性的征信公司，如上海资信、鹏元、国政通、安融惠众等，标志着我国私人征信系统正在起步并快速发展。

除了建立征信系统这种传统的金融风险控制手段外，还有利用互联网的技术手段。以银行业金融机构对小微企业提供贷款为例，银行业金融机构设计出一套各岗分离的小微企业信贷流程，并运用科技手段全流程控制信贷风险，同时完善小微企业业务条线的风险管理委员会、风险官和风险经理，实现对小微企业金融业务风险的多级监控。

接下来，银行业金融机构还创新风险管控技术，将发达国家微贷技术中的信息交叉检验方法引进来，实现企业非财务信息内部、财务信息内部、非财务信息与财务信息间的多重逻辑验证。此外，银行业金融机构加强了对小微企业贷款风险的分类和不良贷款的处置。其专门针对该类企业贷款制定了差异化的资产质量分类办法，并结合相关不良贷款处理政策，对满足核销条件的小微企业不良贷款进行快速核销，在很大程度上简化了小微企业不良贷款的程序，有利于减少核销的操作成本。

下面就系统性风险控制的一些具体方法做简要介绍：

在过去，传统上对于系统性风险的控制主要集中在防范银行等金融机构的破产上。金融稳定理事会（FSB）把系统重要性金融机构（SIFIs）分为全球系统重要性金融机构（G-SIFIs）和国内系统重要性金融机构（D-SIFIs）。这一分类就是通过对这些“大而不能倒”的系统重要性金融机构进行评估，以防范系统性风险。

在20世纪30年代的经济大萧条中，美国有万余家银行破产倒闭，美国联邦保险银行通过在联邦存款保险公司的存款以减轻储户对银行取款违约的担忧，防止大量储户挤兑。2004年6月26日，巴塞尔银行监管委员会通过了《新巴塞尔资本协议》，其将信用风险、操作风险和市场风险作为影响资金充足率的三个方面，旨在要求更大的透明度，并采用更为先进的风险控制方法来让银行更安全并保证收益。

新巴塞尔协议在试用范围、资本构成、风险暴露的评估和管理程序以及资本充足率四个领域制定了更为具体的信息披露内容，主要包括银行业务状况、银行财务状况、风险管理的策略和原则、风险状况（市场风险、信用风险、流动性风险、操作风险及其他一些风险）、会计准则、基本的企业管理原则。新的协议还将披露划分为核心披露与补充披露，并鼓励利用互联网等科技手段进行多渠道的披露行动。

过去的几十年里，系统性金融风险多数只关注银行业，而在当今互联网金融时代，其除了包括传统的银行业以外，还包括了更多的非金融机构和金融市场等各个方面。上述一些事前预防系统性风险的监管措施能有效地控制互联网金融的风险，而事后减轻系统性风险传播以及危害的方法也是不可忽略的一部分。事前预防和事后减轻危害两大方面构成了系统性风险控制的一个完整体系。事后减轻传播和危害的方法主要有以下几种：

1. 避免出现金融恐慌

目前许多国家和机构都想从源头上消除系统性风险，这也是比较理想的监控和监管方法。而恐慌往往会触发连锁效应，最终导致一大批企业及机构破产，因此需要预防金融恐慌。美国的金融危机和欧债危机已经证明了在银行业之外，恐慌照样可以引起系统性市场崩溃，大量的资产和金融产品的价格急速下跌，从而导致更多的市场无法运营、投资者丧失信心等一系列的恶性循环。鉴于这一情况，采取避免恐慌的监管措施有利于保持市场的稳定。

2. 规范和完善信息披露制度

信息披露也称为公开制度、公开披露制度，它起源于英美，是指上市公司和金融机构为了保障投资者的利益，依照法律的规定接受社会公众的监督，将与其经营相关的重大信息（财务变化、经营状况）予以公开的一种法律制度。当前许多互联网金融机构对于其经营的金融产品隐含的披露较少，这不利于市场约束和社会监督，也无法保护消费者的合法权益。因此，加强金融监管，将互联网金融活动纳入一个规范化、法制化的轨道，能够在一定程度上减轻系统性金融风险带来的后果。

随着金融市场的发展和相关监管制度的进一步完善，各国金融立法的方向也更多地涉及信息披露，将其作为金融监管的重要制度。以上市公司为例，公司在接受金融监管时，就必须向证券管理部门和交易所报告，并向社会公开或公告。它既包括发行前的披露，也包括上市后的持续信息公开，主要由招股说明书制度、定期报告制度和临时报告制度组成。

信息化的金融机构是互联网金融发展的模式之一，有效的信息披露能为投资者和经营者提供充分的信息，会有效提高资本市场的效率，并能优化金融资源配置。而从法律角度来说，信息披露制度能防止由于信息不对称、错误而导致的不平等现象，而且还能防止一些公司和机构凭借信息垄断和信息优势导致的不公平现象。

了解了这些，我们知道信息披露是一种可信的预防系统性金融风险的方法。它可以降低或消除市场参与者之间的信息不对称，让所有的市场参与者都能明晰风险。因此，互联网金融产品在推出之后，需要明确的风险提示，避免出现过度宣传的现象。

3. 有金融风险敞口的限制

金融风险敞口是指在金融业中未加保护的风险，即因债务人违约行为导致的可能承受风险的信贷余额，指实际所承担的风险。在金融风险敞口发生后，一些大的金融机构发生破产会引发高杠杆投资者的动荡不安，很有可能提高市场系统崩溃的概率。因此，通过机构间的金融风险敞口限制可以实现监管的目的。它可以实质上减少合同中乙方的损失并降低其因此破产的可能性，从而以分散风险的形式来增强金融稳定性。这种方法适用于传统的银行业以及互联网金融等其他金融机构，有许多非银行机构也紧跟时代趋势，采用了与银行同样的风险控制措施。

此外，还可以通过降低金融机构的杠杆率来减少债务。这一方法主要起到预防作用，也能有力地促进金融目标的实现。提高各大金融机构的自律性，也是作为监管方法的有益补充。

第四章 互联网金融主流的六大赢利模式

互联网金融刚刚兴起便硝烟四起，许多公司和个人都在这一片市场前景广阔的新阵地抢占份额，各种模式分类也是层出不穷，让人眼花缭乱。有一部分互联网金融的研究者将其分为六大模式：第三方支付、P2P 网贷、大数据金融、众筹、信息化金融机构和互联网金融门户。

下面就互联网金融赢利模式为大家做一简要的分析，弱水三千，只取一瓢。

第一种模式：第三方支付

所谓第三方支付，根据相关学者给出的解释是指具备一定实力和信誉保障的非银行机构，借助移动通信、计算机和信息安全技术，采用和产品所在国家及国外各大银行签约的方式，在用户和银行间建立连接的电子交易支持平台。常见的第三方支付产品有支付宝、财付通、拉卡拉、盛付通、腾付通、通联支付、易宝支付、中汇宝、快钱、国付宝、百付宝、物流宝、网易宝、网银在线等。

在第三方支付的交易中，买方选购商品后，通过使用第三方平台提供的账户进行货款支付，由第三方通知卖家货款到达、进行发货，买方检验物品之后，再通知第三方付款给买方，第三方将款项转至卖方账户，交易完成。

之所以称为“第三方”，是因为这些平台并没有资金的所有权，只是起到一个买方与卖方交易的中转作用。在第三方支付交易流程中，这样的支付模式使商家看不到客户的信用卡信息，同时又能避免信用卡信息因多次公开传输而出现的安全隐患。

随着互联网的普及和电子商务的发展，消费者更加倾向于方便快捷的网上购物、在线交易。第三方支付方式作为隐藏在网络购物繁荣背后的推手，已经潜移默化地改变了普通大众的日常生活，甚至连消费者都没有意识到，但却成了支付平台的老客户。

最初，第三方支付平台隐藏在电商平台后面，其平台的页面并不会让消费者看到，并且一个企业客户一般只选择一个第三方支付平台合作。现在消费者可以直接链接到第三方支付平台的支付页面，由消费者自行选择适合自己的支付方式。以B2C（business to customer，“商对客”）交易为例，具体的交易流程可分为以下六个步骤：

第一步，消费者在电子商务网站上选购商品，最后决定购买，买卖双方在网上达成交易意向；

第二步，消费者选择利用第三方为交易中介，用银行卡将货款划到第三方账户；

第三步，第三方支付平台将买家已经付款的消息通知商家，并要求商家在规定的时间内发货；

第四步，商家在收到第三方支付平台的通知后按照订单发货；

第五步，买家收到货物并验证后通知第三方；

第六步，第三方支付平台将其账户上的货款划入商家账户中，交易完成。

比尔·盖茨曾说过：“21世纪，要么电子商务，要么无商可务。”第三方支付平台的大量增长推进了企业的信息化进程，也改变了人们的消费习惯。发展到现在，目前随便一家互联网电商平台都链接了多个第三方支付平台，消费者可以根据自己的偏好和条件，来选择适合自己的第三方支付平台，并在支付页面上选择适合自己的支付方式。

对于网上支付的形式，目前主要有网关支付（银行卡支付）和账户支付。在网关支付方式下，付款人首先得保证自己是某一家银行的网银用户，而无须成为第三方支付平台的用户。付款人只需要通过第三方平台自动转入网上银行的支付页面，按照提示输入相关的支付密码信息，即可完成支付。在账户支付方式下，交易双方都需要在第三方支付平台注册虚拟账户。然后用户登录第三方支付平台，将资金从银行账户充值到第三方支付平台账户中。第三方支付公司根据付款方的指令将款项从其第三方账户转入收款方的平台账户，从而实现虚拟资金的转移。最后，第三方支付平台通过其在银行的账户向商户的银行账户划转实际资金。这种方式主要有财付通与支付宝等。

许多第三方支付平台为了保障交易双方的利益，会提供相应的担保服务，即付款人的资金不会马上转入收款人的银行账户，而是暂时留存在平台的银行账户中，当付款人在收到货物且验收无异议后，第三方支付平台才会根据付款人的指令把货款转入收款人的银行账户。

目前，第三方支付主要应用于网络交易手段和信用中介，其能够在商家、消费者与银行这三方之间建立起连接，实现了第三方监管和技术保障的作用。它独立于交易的双方，起到了资金托管代付的作用，其公正性与便捷性使得交易双方可以更加放心地进行网上交易。而且第三方支付平台的账户能够保留买卖双方的有效交易信息，为维护双方的合法权益提供了保障。

我国网络购物的迅速发展及电子商务的繁荣与第三方支付平台的发展密不可分。早在 1999 年，购物网站平台易趣网、当当网相继成立，之后为了适应网上支付的需求，具有国家资质认证和政府投资背景的首信易支付正式运营，成为中国第一家第三方支付公司，不过当时它实现的仅仅只是指令传递功能，把用户的支付需求告知银行，转接到银行的支付页面，而不能像现在的第三方支付平台那样提供一个统一的支付界面。

2003 年爆发了“非典”，这场全球范围内的疫病不仅造成了大量的人员伤亡，也改变了网民的消费习惯。“非典”之后，支付行业迎来了快速发展的阶段，但当时中国的网络购物还处于萌芽阶段，且存在买卖双方互不信任的问题，导致网络购物的发展进程缓慢。在这样的背景下，2003 年 10 月，马云领导下的淘宝网果断设立支付宝业务部，开始推行所谓的“担保交易”。2004 年 12 月，支付宝正式独立上线运营。

为了规范这一蓬勃发展的市场，央行在 2010 年颁布了《非金融机构支付服务管理办法》，确定了通过申请、审核发放支付牌照的方式，将第三方支付企业正式纳入国家的监管体制之下。截至 2013 年 7 月，央行已经分 7 批陆续发放 250 张第三方支付牌照。这就意味着第三方支付已经成为互联网金融行业发展的一种重要模式。

随着互联网技术的发展，以及企业信息化进程的向前，第三方支付不断向传统行业渗透，从一个网购工具走向了更多领域。根据艾瑞咨询统计数据显示，2013 年中国第三方互联网支付市场交易规模达 53729.8 亿元，同比增长达 46.8%。预计这一整体市场将持续高速增长，在整体国民经济中的比重也会进一步增强。在互联网金融时代，第三方支付平台通过与金融的深度合作，找到了新的业务增长点。

同时，经过多年的市场培养，更多的传统零售，包含日常百货、购物中心以及品牌店等公司机构加快了向电子商务进军的脚步，进一步提高了网络购物的占比。此外，余额理财模式的出现，使得金融机构更加重视与第三方支付平台的合作。

第二种模式：P2P网贷

P2P 是英文 Peer to Peer 的缩写，意思是“个人对个人”。顾名思义，P2P 网贷是指个人通过网络平台相互借贷，借款方在 P2P 网站上发布贷款需求，投资人则通过网站平台将资金借给贷款方，完成交易需要向 P2P 网贷平台支付一定的中介费。

P2P 网贷随着互联网用户的普及、技术的进步和货币的数字化迅猛发展。随着人们对互联网的日益依赖，不难预见，P2P 网贷平台连锁经营是未来金融服务的一种主流发展趋势。

P2P 模式起源于英国，是由理查德·杜瓦、詹姆斯·亚历山大、大卫·尼克尔森和萨拉·马休斯 4 位年轻人共同创造的。这种模式可以使传统银行难以覆盖的借款人在网络平台上充分享受到贷款的高效与便捷。2005 年 3 月，他们创办了全球第一家 P2P 网贷平台——Zopa，借款人可以在该网站上发布自己的借款需求，再由 Zopa 根据借款人的资料对其进行信用评级，投资人看到网站上公开展示的借款信息后，可根据借款人的信用等级、借款金额、借款时限以贷款利率竞标，最终利率低者胜出。在整个交易过程中，Zopa 代替银行成为了中间人，借贷双方信息对等，资金直接在借贷双方之间流通，平台的收费也公开、透明。

在我国，最早的 P2P 网贷平台成立于 2006 年，其后几年间，国内的网贷平台也还是寥寥无几；到了 2010 年，网贷平台开始涌入一些试水者，之后一路猛增，2012年进入全面爆发期，业务活跃的有400家左右。2013年网贷平台更是蓬勃发展，以每天1～2家上线的速度快速增长。

从这一点来说，传统的金融机构还是有它历史积累的优势，谁能在接下来的几年时间内更好地与传统金融机构进行优势互补，谁就能跑得更快。以P2P网贷为例，现在许多网贷平台都在积极向央行系统申请，希望能够跟传统的金融机构征信。

不管怎样，P2P网贷能够有这样的发展，在一定程度上得益于政策红利的帮助，政府并没有过早干预这种新的模式，反而是鼓励民间资本，这成就了网贷平台的春天。

P2P网贷属于互联网金融的一种典型模式，这样的方式可以极大地提高借款人与收款人之间的资金对接率，部分解决了个人以及中小企业的投融资困难问题，并推动了我国金融体制的改革。

首先，这种模式的发展，对于促进国内民间资本的阳光化、规范化发展具有非常大的意义。尽管P2P网贷企业到目前为止已经达几千家。但是，许多P2P网贷公司还一直行走在灰色地带，它们正面临着诸多质疑，但P2P网贷企业并没有停下它们扩张的脚步，因为这是一个发展的黄金时期，这时候只能咬咬牙，对传统的金融监管方式与风险控制方式做出新尝试。

目前，普通个人与中小企业很难从银行贷到款，这就导致了民间信贷一直在地下盛行。但是目前民间借贷市场上存在着许多问题，其中最突出的一个问题就是借贷信息的高度不对称，比价的渠道非常少，许多民间借贷者甚至是以固定的利息向身边的亲戚朋友或者不特定的人群筹集资金，然后再以更高的利息把这些资金拿去放贷。

P2P网贷模式的出现，可以在很大程度上改变民间借贷市场的混乱现象。它为借贷双方提供了一个公开透明、直接对接的平台，而且该平台还能记录并共享所有的交易信息，以便大家都能了解到资金的去向和交易的总量，有利于净化民间信贷市场。

在珠三角、江浙一带，中小企业非常密集，传统的银行难以满足这么多的企业发展中的资金需求，导致这些地区民间借贷盛行。由于对资金的需求旺盛，这些区域的利率极高，是高利贷的多发地带，严重不符合经济规律的利率，导致许多企业陷入高利贷的恶性循环，甚至会发展形成一些群体性事件，对社会的发展形成极大危害。

随着类似 P2P 网贷平台的增多，使得借款的个人和中小企业的融资渠道越来越广，有了更多的比价机会，让行业的市场化有了很大的提高，也使风险报酬率逐渐回归至一个正常的范围。同时，这也有利于引导资金按照市场规律更合理、高效地进行重新配置，抑制了高利贷的发展。可以说，P2P 网贷的发展对社会的发展有着积极的意义。

其次，P2P 网贷的出现使融资慢慢脱离了商业银行、证券机构和交易所等传统金融中介，以一种更为先进、便捷、市场化、大众参与度更高的形式出现。在这样一种融资模式下，资金供需双方可以直接交易，大大缩短了资金匹配期限和风险定价流程。目前，一年定期存款年收益率约为 3.5%，银行理财产品的年收益率为 4% ～ 6%，而网贷平台的年化收益率能达到 18% 左右。对于持有资金的投资人来说，这种直接的金融模式，可以为其带来更高的收益，何乐而不为?

当然，P2P 网贷这个新兴行业的资金实力以及客户质量等条件与传统金融机构相比，还存在很大差距，加上传统金融机构在互联网金融时代开始加速向互联网迁移，所以 P2P 网贷更多的作用还是作为传统金融业的一种有益补充。

此外，P2P 网贷模式的发展，能推动征信系统的建设。到目前为止，国内还没有具备公信力、商业化的征信机构，所以国内网贷平台都是靠自己去收集客户的信用信息进行评级，并没有来自第三方的征信机构的信用信息。而央行的全国性个人信用信息基础数据库目前只对国有独资商业银行、股份制商业银行和城市商业银行开通联网查询，并未向 P2P 网贷平台开放，而美国等发达国家，个人征信系统已被广泛应用。

这个现状导致国内的 P2P 网贷平台普遍缺乏能成为借款人信用审核依据的线上数据，造成信用审核的效率难以提高，同时借款人在 P2P 网贷平台上的不良借款记录无法上传到央行的全国性个人信用信息基础数据库中，无法对借款人形成一定的威慑力，导致 P2P 坏账风险提高。这样一来，商业征信机构的建立以及央行的数据共享，成为广大 P2P 公司迫切的希望。

第三种模式：大数据金融

大数据金融将时下热门的“大数据”与金融结合起来，主要是指依托于海量、非结构化的数据，通过云计算等信息化方式对其数据进行专业化的挖掘与分析，并与传统金融服务相结合，创造性地开展资金融通的工作的统称。

大数据最早起源于美国，由甲骨文、恩科、IBM、威睿等公司联合倡议，而后知名咨询公司麦肯锡在关于《大数据，是下一轮创新、竞争和生产力的前沿》的专题研究报告中提出了“大数据时代已经到来”。2012 年，联合国发布大数据政务白皮书《大数据促发展：挑战与机遇》之后，IBM、EMC 等知名的跨国 IT 公司开始发布大数据产品。而美国政府直接将大数据上升至战略层面，投资2亿美元启动了“大数据研究和发展计划”。至此，大数据已经成为席卷互联网方方面面的技术浪潮。

“大数据”究竟有多大？打个比方，从有记录的年代开始到2003年，全球总共产生了500亿字节的数据，而到了2011年，这个数据仅仅在两天的时间里就能产生。每天，互联网产生的全部内容可以刻满1.68亿张DVD（数字多功能光盘）；发出2940亿封电子邮件，相当于美国两年的纸质信件数量；发出的社区帖子数为220万个，相当于《时代》杂志770年的文字量。到了2012年，数据量也从TB级别跃升到PB、EB，甚至是ZB级别。从这些数据的变化中我们可以意识到，我们目前正处在一个数据大爆炸的时代。

在互联网金融时代，大数据金融是未来金融的重要发展趋势，从2013年百度首席执行官李彦宏作为创新企业代表向中央政治局讲解大数据的发展情况可窥见一斑。在李彦宏看来，现在已经进入了大数据时代，全球有90%以上的信息都产生于过去的两年。

大数据的应用影响了很多传统行业，单从金融业来说，其属于产生海量数据的行业。互联网金融机构运用大数据可以更好地了解市场和客户，从而改变这些机构的运作方式。比如，它能够增加资金融通的方式和场所，并扩大了获得资金方的企业范围。

在过去的金融模式下，小微企业由于企业规模、资金量以及天然的不稳定性等原因，一直在金融市场的资金链条中处于最脆弱的一环，很难获得融资。如今这样的状况将会有很大的改变。阿里巴巴等企业依托于同企业的长期合作关系，通过分析它的日常现金流量以及订单情况，发放贷款。这种方式同传统的资金融通相比，主要有三点优势：第一，它降低了融资的门槛，使得更多的小微企业能够在这些电子商务平台上融到资金；第二，它从整体上打开了金融中融资方和被融资方的格局，扩大了信用贷款在资金融通方式中的使用范围；第三，它通过大数据的分析、整理和归纳，能够快速进行贷款审查和批贷，甚至能实现当天申请即可放款，通过互联网金融的方式，借贷的周期也变得更为灵活，可以按天计息。如马云领导下的电子商务巨头——阿里巴巴就是利用大数据金融的典型企业，其创办的阿里小微金融集团在 2 小时之内，给 1.8 万家淘宝小卖家提供了 3 亿元的淘宝信用贷款，所有环节都是在互联网上完成的。

大数据金融并不是大数据与互联网直接结合的产物，它需要许多基本的信息化投入和专门的大数据投入。就整个金融行业来看，我国金融行业 IT（信息技术）投资规模正逐年增加，已经由 2011 年的 997.1 亿元增加至 2012 年的 1105.78 亿元，同比增长了 10.9%。在金融行业大数据的应用市场，银行投资高于证券和保险市场的投资。

在互联网金融时代，像京东、淘宝以及腾讯等拥有海量数据资产的互联网公司，已经开始整合自己掌握的数据，将扩张的野心渗透到传统的金融业。通过对数据的挖掘和分析，这些企业能够更加贴近用户，了解他们的真实需求，增加了用户黏性。

大数据金融根据相关学者的观点，还可以根据企业处于大数据金融服务中的环节及价值差异，分为平台金融模式和供应链金融模式。

1. 平台金融模式

在这种模式中，企业平台对其长期以来积累的大数据通过互联网、云计算等信息化方式对其数据进行专业化的挖掘和分析，向企业和个人提供快捷的金融服务。它建立在庞大的数据流量系统的基础之上，对申请金融服务的企业或个人的情况非常熟悉，相当于拥有了一个征信系统的数据库，通过大数据，企业建立了自己的征信系统，通过这项信用管理的创新，可以有效地减少呆账、坏账带来的损失。

平台金融模式以小微企业贷款为主体，在评定了申请人的资信、授信情况之后，系统会自动核定授信的额度。通过这些平台，那些之前难以从银行得到贷款支持的小微企业可以快速获得无须抵押和担保的贷款，多为短期贷款。鉴于这种模式的特点，该类平台企业需要在前期进行长时间交易数据的积累，并完善相关交易设备和电子设备，以及进行数据分析的基础设施和人才。

比如，前面提到的阿里金融，它从商户提出申请，到商户最终收到货款，整个过程实现了系统化、无纸化。据相关统计数据显示，这一流程最快只要三分钟，商户就能拿到需要的资金。阿里金融利用前期开发的阿里云作为技术基础，不断地吸收来自天猫、淘宝网、一淘等平台的信息流，并对这些信息流进行分析和处理，出示申请商家的信用评估报告，确定授信额度，再发放贷款。

2. 供应链金融模式

这类大数据金融模式主要以京东为网络电商巨头代表。这种模式主要是指在海量的交易数据基础之上，核心企业以信息提供方或者担保方的方式，通过与银行的合作，对产业链中的上下游进行融资的模式。在这样的合作模式中，京东等核心企业只负责对信息进行确认审核、担保或者提供信息，并没有在实质上对用户提供资金的融通，银行或者资金供给方仍然承担了实质上的资金融通。

之所以确定电商或行业的龙头企业在供应链金融中的主导地位，是因为它给银行提供了一系列的流量、数据和信息，而银行只充当了资金提供者的角色。供应链金融的具体产品，主要包括第三方金融机构对供应商的信贷产品和购买商的信贷产品。

作为一种创新型的产品，供应链金融具有很大的经济价值和社会价值：一方面，它可以满足商家短期资金的需求，促进整条产业链的协调发展；另一方面，核心企业能对有自己需求的商家以及产业链做出合理的风险评估，扩大了市场的服务范围。互联网巨头利用供应链金融模式，增加了对中小企业的关注度和服务效果，有效地解决了传统供应链发展过程中的一系列问题。

比如，京东是中国最大的自营式电商企业，其财务副总裁在 2013 年 7 月 29 日举办的京东 POP 开放平台大会上表示，未来针对 POP 平台上的卖家，京东将提供小额贷款、流水贷款、取保贷款、票据兑现、应收账款融资、境内外保理业务等金融服务。而仅在一天之后，京东创始人、首席执行官刘强东就明确表示，京东已经成立了金融集团，其目标是用互联网手段来融合金融行业，希望服务的对象包括上游的供应商和下游的消费者。

当然，京东并不是第一家进入供应链金融领域的电子商务企业，早于京东推出这项业务的有敦煌网、慧聪网等企业。其中，敦煌网同招行合作，推出了“生意一卡通”，该平台上的小微企业可以主动申请，填写材料，然后银行对通过信用审核后的企业发放借记卡。2010 年，敦煌网同建设银行合作发行了“e 贷通”“e 单通”“e 保通”三种基于订单的贷款。

大数据金融的迅猛发展让银行等传统的金融机构在应对许多互联网巨头野心勃勃的扩张时，也对自身未来的发展方向有了一个新的理解：决定一个企业核心竞争力的是其拥有数据的规模以及收集、运用数据的能力。只有掌控了数据，才能支配市场，获得巨大的投资回报，数据俨然成为企业的核心资产。

目前，大数据金融仍然处于群雄逐鹿的状态：阿里巴巴、京东等规模较大的电商占据着市场的有利地位，凭借着其多年来积累的海量交易数据对中小微企业进行信贷服务；银行业依托其强大的资金实力，纷纷建立起自己的电子商务平台，以多种优惠条件吸引商家入驻，升级供应链系统，发展中间业务；此外，还有一些企业积极对自身产业链进行整合，推行闭环的数据金融服务……

在大数据金融快速发展的时代，我认为随着数据产业的发展，数据作为企业重要的资产，将会变得越来越有价值，很有可能会出现一个甚至是多个数据交易平台。在相关法律法规的允许下，企业利用在数据交易平台上进行比价和交易，有利于企业在主营业务之外实现增值。

第四种模式：众筹

众筹译自英文“crowd funding”，中国香港译作“群众集资”，中国台湾译作“群众募资”。它是指项目发起者利用互联网和 SNS（社会性网络服务）传播的特性，依靠大众的力量，集中大家的资金、能力和渠道，为小企业、艺术家或个人进行某项活动或某个项目或创办企业提供关注和必要的资金援助。

互联网金融时代的众筹指的是通过互联网的方式发布筹款项目并募集资金。相较于传统融资方式，众筹更为开放，它的精髓在于小额和大量，融资门槛低，而且能否获得资金也不再以是否具有商业价值作为唯一标准。只要是能让网友喜欢的项目，就可以通过众筹的方式获得项目启动的第一笔资金，这就为新型创业公司以及创作人的融资开辟了一条新的路径。

众筹的项目种类非常多，不仅包括新产品的研发、新公司的成立，还涵盖了影视、音乐、食品、出版、游戏、摄影等各个类别的项目。因此，目前兴起的众筹网络平台也各有侧重，如国外的一些众筹网站仅支持创意项目，国内知名的众筹网站觉（JUE.SO）、点梦时刻等基本可看作是创意筹资平台，淘梦网是一个微电影垂直众筹平台，乐童音乐是一个专注于音乐行业的项目发起和支持平台，大家投、3W咖啡等则是创业股权式众筹平台。

虽然众筹的项目种类很多，但众筹项目的运行往往需要三方面的参与——发起人、支持者和平台。其中，发起人是有创造能力但缺乏资金的个人或团体，也就是在融资过程中需要资金的一方；支持者是对发起者的创意、故事或回报感兴趣并且有能力支持的个人或团体，也就是融资过程中提供资金的一方；平台则是指连接发起者和支持者的互联网终端。

为了使发起人和支持者获得一个满意的体验，众筹平台大都设定了一些约定俗成的规则：第一，众筹项目必须在发起人预设的时间内达到或超过目标金额才算成功；第二，在设定的天数内，达到或超过目标金额，项目即成功，发起人可获得资金；第三，筹资项目完成后，支持者可以获得发起人预先承诺的回报，回报方式也比较多样化，可以是实物，也可以是服务，如果项目在设定时间内没有获得目标金额，项目即失败，已获资金全部退还支持者；第四，众筹不是捐款，对于支持者的支持一定要设有相应的回报。

克莱·舍基是研究互联网技术对社会和经济影响的美国作家，他曾提出了“认知盈余”的概念，认为很多人都拥有闲置的时间和资源。在金融领域，资金常常会被闲置。事实上，很多个人和家庭都会有被闲置的资金，不过他们的闲置资金数额比较小，也不具备职业投资能力。

但“众人拾柴火焰高”，当每一个投资者的资金汇集在一起就能形成一笔可观的资金。2013 年 8 月，我国居民储蓄余额已经超过了 40 万亿元，人均储蓄存款余额突破 3 万元。我们可以想象这么一笔庞大的闲置资金能够有一小部分通过众筹的方式参与进资本融通的经济活动中，无疑会让更多的人实现梦想，最终自身也能得到一笔回报。

国内知名的民谣音乐人李志先生在众筹网络平台——乐童音乐发起的“2014 李志数字版现场专辑《勾三搭四》募集”项目，需要 2500 个粉丝，每人支持 20 元，募集 5 万元来制作数字现场专辑《勾三搭四》。项目成功后专辑在合作平台开放给所有的人，而出钱的投资者不会收到实体形式的回报（光盘或其他存储介质），仅提供高清音频下载链接。

作为中国最早利用众筹形式完成音乐产品的独立音乐人，李志与其团队在发起该众筹项目后，获得了大量粉丝的支持，最终该项目以人民币 50520 元超额完成了任务。李志的这一次众筹也成为一个经典的成功案例。

当然，我选择这个例子是有原因的。因为这一次众筹既有普遍性，又有特殊性。乐童音乐作为互联网金融环境下的一家众筹网站，它提供了两种筹资模式：一种是发起者可以选择灵活的预售筹资模式，不论最终能否达成筹资目标，都可以得到一定的筹资金额，以便帮助自己继续完成音乐创意项目，给予支持者回报；另一种是发起者可以选择固定的筹资模式，如果最终未能达到筹资目标，资金将全部返还给支持者。前一种方式我们称为“当即入账”方式，后一种我们称为“达标入账”方式。在李志这次众筹项目中，他是采用了达标入账的方式，并最终成功完成了该项目。

不过，这次众筹之所以引来媒体以及业内人士的关注，是因为这次众筹项目没有任何实体回报。有网友甚至提出："李志发起没有实体回报的众筹项目符合行业规则吗？"为此李志团队特地回应："过度消费歌迷的注意力和金钱从来都不是我们的目的。项目只是没有实体回报，对喜欢李志音乐的人来说，能听到一张新专辑应该算是个不错的回报。"其实，这样一个无实体回报的项目正说明了众筹不再以是否拥有商业价值作为唯一的评判标准，只要有人有兴趣，能够支持发起者的项目就足够了。

相比 P2P 网贷，众筹这种形式在国内受到了冷遇，其融资规模一直都很小。音乐众筹网站乐童音乐的创始人称："截至 2013 年 11 月，我们总共发起了超过 100 个音乐众筹和预售的项目，但筹集到的资金总数还不到 100 万元。"

这样的冷遇对于众筹方式来说无疑是一种沉重的打击，也反映出众筹并不同于集资以及财务回报等融资手段、工具，它更多的是获得一种非财务的回报。目前国内的社会和人文环境还不成熟，许多人还是想着赚钱，而不愿去出钱为别人的梦想埋单，这也是 P2P 网贷平台更受欢迎的原因之一。

第五种模式：信息化金融机构

在互联网金融时代，许多银行、证券公司和保险公司等金融机构开始运用以互联网为代表的信息技术，对传统的运营流程、服务产品进行改造和重构，从而实现经营和管理的全面信息化。上述这类实现改造的金融机构，就可以称为信息化金融机构。

中国的银行业信息化建设已经有了 20 多年的发展历史，逐步建成了由自助银行、电话银行、手机银行和网上银行构成的电子银行立体服务体系。如今，国内的其他金融机构也加速了信息化建设的步伐，尤其是 2013 年以来，基于云计算、大数据、移动与智能设备以及社交网络等第三类平台的金融服务，让金融行业信息化进入了一个全新的创新机遇期。

在 Web 3.0 时代，金融信息化是金融业发展的趋势之一，而信息化金融机构则是金融创新的产物。目前金融行业正经历一个由金融机构信息化到信息化金融机构转变的阶段。相较于传统的金融机构，信息化金融机构有如下几个特点：

第一，强大的资源整合能力。金融机构管理的资产比较特殊，一般为负债性资金，具有高风险性。通过信息化建设，能让金融机构实现业务的整合，实现各系统的联通，形成一个系统管理平台，使得金融机构有一个更为广阔的运作空间。

第二，高效便捷的金融服务。高效便捷是互联网金融时代的一个显著特征。传统金融机构通过信息技术的投入、硬件设施的升级等基础性信息化建设，实现了工作效率的提升。而信息化金融机构通过以互联网为基础，实现更高层次的信息化建设，使金融服务有了一个质的提升。

毫无疑问，信息化金融通过业务流程和产品服务的改造，极大地改善了用户体验。过去一些需要用户自己去金融机构网点办理的业务，现在可以直接借助金融机构广泛建设的智能硬件，或者是借助网络终端得以实现。比如，与人们关系密切的商业银行的存取款业务，过去哪怕是取 100 元，也要去银行排队领号，自从银行有了 ATM（自动取款机）、VTM（远程视频柜员机）等智能银行设施之后，人们可以很方便地自助办理许多业务。同时，各大银行的营业网点基本都设有喊号机，提高了业务办理的效率。

此外，银行还开通了网上银行业务、手机银行业务，用户只需要敲动键盘或者点击手机屏幕就可以很快完成转账以及投资理财等业务。

第三，丰富多样的金融创新产品。各大金融机构在推进信息化建设过程中，极大地提高了金融的创新能力，不断推出新型的金融产品。其中最为突出的一个产品就是手机银行，作为移动互联网时代的产物，属于银行业的创新产品，能够满足人们日常转账、生活缴费、投资理财等多种需求。随着智能手机的普及，加速了移动互联网金融的发展。

此外，理财产品的多样化也是金融产品创新的一个体现，特别是平民化的理财产品的出现，很大程度上改变了金融行业理财产品在人们心中高门槛的印象。金融行业线上线下业务的创新组合，也给人们的生活带来了便利，同时拓展了金融机构自身的服务空间。

目前信息化金融机构还处于建设阶段，其运营模式根据主流学者的观点可分为三类：传统金融业电子化模式、基于互联网的创新金融服务模式和金融电商模式。

1. 传统金融业务电子化模式

顾名思义，这种模式是为了实现传统业务电子化的目标，属于金融机构信息化的初级阶段。该种模式主要是传统的金融机构运用现代通信技术、网络技术和计算机技术来提高自身的工作效率，实现金融业务处理的自动化，降低经营成本，也给客户带来一种全新的体验，以提高自身的市场竞争力。所以从本质上说，这样的电子化是基于传统的、封闭的金融专用计算机网络系统，以实现行业内部管理的自动化与信息化。

目前，银行的传统业务电子化主要体现在其多样化的业务形态上，包括手机银行、网上银行、电话银行、家居银行等。而其他金融行业主要依托信息技术，实现业务的网络化，包括网络保险、网上证券服务。传统业务的电子化使得这些金融机构抛弃墨守成规的陈旧观念，紧跟互联网金融的时代步伐，构建一个全开放、全天候和多功能的现代化金融体系。

2. 基于互联网的创新金融服务模式

金融机构的信息化建设在很大程度上加速了金融服务的电子化。在互联网金融的时代背景下，近些年来许多金融机构依托云计算、移动互联网等新技术加快了转型的脚步，不断扩大金融服务电子化的范围及影响。

银行业作为我国金融市场的重要组成部分，其信息化水平一般比其他金融机构要高。正因为如此，基于互联网的新金融服务模式也在银行率先展开，比如直销银行，它是指业务拓展不以柜台为基础，打破了时间、地域、网点等限制。同时，因为没有网点的经营费用，直销银行可以为客户提供更加具有竞争力的存贷款价格以及更低的手续费率。

国内最早尝试直销的银行是北京银行和中国民生银行。2013 年 9 月 18 日，北京银行在北京宣布正式推出与境外战略合作伙伴荷兰 ING 集团合作研发的直销银行服务，在北京、西安、济南等地建立了多家直销门店，上线了一批简单、便捷、优惠的专属金融产品。2013 年 7 月，中国民生银行成立了直销银行部，并于 2014 年 2 月 28 日正式上线中国民生银行直销银行。据了解，该直销银行在当天通过网站、手机应用程序、微信银行向互联网客户提供资金基金产品“如意宝”和储蓄产品“随心存”。

3. 金融电商模式

如今，互联网金融已经成为时下最热门的讨论词，传统金融机构在这个时代需要充分抓住互联网带来的机会，做出一个必然选择。这种选择体现在运营模式上就是金融机构电商化的选择。这些金融机构或者自己建立电商平台，或者同其他拥有海量客户信息和渠道的互联网企业合作建设电商平台。

目前银行业的金融电商主要形式有两种：自建平台模式与平台合作模式。前一种是以中国建设银行为代表，其“善融商务”以“亦商亦融，买卖轻松”为出发点，面向广大企业和个人提供专业化的电子商务服务和金融支持服务。后一种是以招商银行为代表，其于2013年7月宣布升级微信平台，推出了国内首家全新概念的“微信银行”，通过整合借记卡、信用卡业务，建立起一个全客户群综合服务平台。

不过总的来说，银行经营电商存在着很大的短板，用户的活跃度不高，交易量不及传统电商的千分之一，但这绝不能直接将互联网电商宣判死刑，毕竟传统电商已经发展多年，而银行做电商还是近一两年的事情。那么，既然如此，银行为什么还是义无反顾地投入大量资金来建立电商平台呢？因为银行想以门户网站为基础，建立一个三位一体的电商平台，其中的“三位”指的是网银、金融产品超市和客户信息。

证券业与银行业的电商模式类似，许多证券商都在搭建自己的电子商务网站，比如国泰君安、华泰证券和华创证券的网上商城，主要销售交易软件、投资资讯、投资顾问套餐、研究报告等一系列的增值服务。也有一部分证券商选择了与淘宝、腾讯等大型互联网公司合作，在对方平台上销售产品，比如2013年3月13日，方天证券正式宣布方正证券泉友会天猫商城旗舰店开业，成为证券业首家进入第三方B2C电商平台的公司，主要销售资讯类产品（短信、彩信、电话会议形式）、工具（交易软件、套利软件）、咨询服务等。

相较于银行业和证券业，保险业的金融电商主要是为了取得渠道上的突破。目前，平安保险、太平洋保险公司等陆续推出网上商城，消费者可以直接在其官网上购买保险产品。同时，这些保险公司也与第三方电子商务公司合作，比如，淘宝保险就是保险公司同电商合作的产物。不过，保险行业的电子商务还处于试水阶段，尚未平衡好网销渠道与线下渠道的关系，大部分通过电子商务平台销售的保险产品投资门槛低，还没有找到一个很好的赢利模式。

第六种模式：互联网金融门户

互联网金融门户是指利用互联网进行金融产品和金融服务信息的销售，并为金融产品销售提供第三方服务的平台。

相关互联网金融研究人员根据互联网金融门户的服务内容及服务方式不同，将其分为三种类别：第三方资讯平台、垂直搜索平台以及在线金融超市。

其中，第三方资讯平台是为客户提供全面、权威的金融行业数据及行业资讯的门户网站，充当外围服务提供商的角色，典型代表主要包括网贷之家、和讯网以及网贷天眼等。

垂直搜索平台是针对某一特定行业的专业化搜索，客户可以通过该类门户快速搜索到相关的金融产品信息。互联网金融垂直搜索平台通过提供信息的双向选择，可以有效降低信息不对称程度，充当的是媒介角色，典型代表有好贷网、融 360、安贷客、大家保等。

在线金融超市，就其名称而言我们可以把它当成一个汇集大量金融产品的“超市”，它在利用互联网进行金融产品销售的基础上，还提供了与之相关的专业中介服务，这类门户在一定程度上充当了金融中介的角色，典型代表有格上理财、91金融超市、大童网以及软交所科技金融服务平台等。

以上这三种类别中，前两种在产业链中所处的位置相同，主要提供行业资讯和相关数据以及产品信息，而在线金融超市居于二者上游，在产业链中充当的是代理商的角色。这三者均为产业链下游的客户服务。

在当今多元化的互联网金融模式下，互联网金融门户作为其中的一大类正在快速发展，涌现出了大童网、融360、好贷网、陆金所等门户网站，每天都吸引着成千上万的客户在上面进行咨询和购买交易。为什么这么多人如此青睐互联网金融门户呢？这是因为其具有以下特点：

第一，专注买方市场，强调用户体验。互联网金融门户采用顾客导向型战略，以满足顾客需求，增加顾客价值为出发点。在这种战略的导引下，互联网金融门户的宗旨是提升客户在交易过程中的用户体验。为了动态地适应顾客的特定需求，其需要不断扩充产品种类并进行相关营销手段的创新。

为什么互联网金融门户这么注重用户体验？其实只要稍微对这类门户平台进行更进一步的分析，就可以知道互联网金融产品或服务具有规模经济的特性——互联网金融门户在扩张过程中，可以通过额外增加一个产品或者提供一次服务而使成本降低，但是考虑到机会成本等因素，要想实现这样的效果，必须以市场空间充裕和用户数量充沛为前提。因此，互联网金融门户要想实现规模经济，就必须在短期内拥有大量的客户资源。

由此可见，顾客导向型战略可以使互联网金融门户根据客户的特定需求提供差异化的金融服务，以更好地满足客户的需求，增加其对该互联网金融门户的依赖性。同时，靠着这种方式还能在客户之间形成自发的口碑传播，以吸引更多的客户，从而使其获得更大的市场份额，获得更多的利润。

第二，“搜索+比价”，精准快速匹配。互联网金融门户的核心竞争优势在于“搜索+比价”的模式，其采用金融产品垂直搜索的方式，将相关金融机构的各类产品都放在网站平台，用户可以将各种金融产品的价格、收益、特点等信息进行对比，再自行挑选合适的金融服务产品。

这种搜索模式体现了互联网金融门户的重要革新，它可以自动对海量的金融产品信息进行甄别、提炼、加工和挖掘。具体来说，大多数互联网金融门户首先通过对网络内容和网络结构的挖掘，并对相关金融产品的产品信息等原始数据进行筛选和提炼，然后建立一个符合其经营产品类别的金融产品数据库，以方便客户对其感兴趣的金融产品进行精准、快速的搜索比价。

同时，互联网金融门户也可以通过抽取客户在网络交互中的行为数据，进行智能的分析，以便更好地了解客户的偏好与需求，及时调整相关的经营对策。

第三，掌握网络入口，发挥渠道优势。当某一互联网金融门户通过其原先的品牌效应积累了大量流量之后，很快就成为这些金融机构销售相关金融产品的主要渠道之一。从这一点看，互联网金融门户也是互联网金融领域的重要网络入口。

在介绍互联网金融门户的三种形式时，我们已经知道，从产业链角度分析，金融产品供应商是这些互联网金融门户的上游，它们的下游是客户，其在中间起到了桥梁的作用，有着重要的渠道价值。互联网金融门户承载着大量的信息流，客户可以根据自身特定需求进行反向搜索比较，而不需要一个一个地浏览商品信息，这就极大地节省了客户选购金融产品的时间，也降低了交易成本。

当然，如果仅仅把互联网金融门户当成一个渠道，其赢利的难度还是很大的。作为一般的渠道商，它能发挥的作用毕竟有限，因为好的互联网金融产品从来不缺销路，要是你花大价钱去拿下的话，成本肯定会提高不少，如果抬高价格，就又失去了竞争的优势。如果互联网金融门户为了增加销量，盲目上马一些低质量产品的话，势必会降低客户体验，反倒会对好不容易才建立起来的口碑造成一定影响。

当我看到互联网金融门户中的“门户”二字时，很容易想到了搜狐、新浪以及腾讯这些传统的门户网站。在互联网金融时代，这些门户网站看到互联网金融门户搞得风生水起时，会不会也眼红要布局金融互联网呢？答案是显而易见的。在 2013 年 11 月，搜狐宣布正在策划一个 11 月 18 日的抢钱节，这个抢钱节将从 11 月 11 日开始，搜狐将考虑发行类余额宝，这款金融的预期收益率最高可达 6.6%。

此外，新浪也准备推出金融超市产品，而腾讯也表示过要介入互联网金融计划。对于这些门户网站来说，它们经过多年的运营已经拥有了一定数量的忠实用户，如果将这些人都成功转化为平台产品消费者，那会为这些门户网站开辟一个新的赢利渠道。另外，门户网站的资讯信息可以绑定资金流，比如，在一些互联网金融研究者的分析文章中，直接加入合适的理财产品推介，并提供相应的链接，同时，许多门户网站通过其财经频道可以精准定位客户，完全可以利用这个优势，导入一些基金产品。

这些门户网站在宣布互联网金融产品发行计划时，也意味着其正式参与这场规模空前的互联网金融大战。

第五章　移动互联网时代的新金融模式

2014 年，移动金融的发展速度越来越快，并且呈现出常规化趋势。其中，移动支付在众多领域得到了运用，满足了消费者多样化的支付需求，成为互联网领域和金融领域的革命性创新，对电子商务和零售市场的发展有很大的促进作用。

移动互联网金融概况

随着互联网技术的进一步发展和智能手机等移动终端的普及，互联网金融催生了一个小的分支——移动互联网金融（以下简称移动金融）。2014 年 1 月 16 日，由中国互联网络信息中心（CNNIC）发布的第 33 次《中国互联网络发展状况统计报告》显示，截至 2013 年 12 月，中国网民数量达 6.18 亿，互联网的普及率为 45.8%。其中，手机网民规模达 5 亿，并继续保持高速稳定发展。智能手机已经成为大多数“手机控”们整日不离手的基本装备。

在上述背景下，移动金融的增长速度远远超过了网银的增长速度。移动金融的覆盖能力大大超过了以电脑为平台的网银服务，许多诸如“二维码识别、手机定位、重力感应灯”之类的移动新技术源源不断地融入传统金融业务应用当中，让许多客户能够随时随地享受智能化、便捷化、信息化的金融服务，这是比传统互联网金融服务更受欢迎的方式。有人因此将移动金融称为互联网金融皇冠上最璀璨的明珠。这也宣告着 Web 2.0 时代逐步走向衰落，属于移动互联网的 Web 3.0 时代正在到来。

传统金融机构大都以典型的柜台站点服务为主，后来发展到 ATM 自助服务，再到通过互联网技术，为用户提供网上银行服务。金融行业的发展逐步打破了时间、地域以及行业间的限制，为用户提供了更为全面、便捷的服务。比如，现在越来越多的人开始使用随身携带的手机接触名目繁多的互联网站点信息，进一步加快了移动信息技术与金融服务的融合。

移动互联网比传统互联网更上一层楼，它有高于传统互联网的灵活性，并拥有更高的普及率和低成本的优势。对于银行等传统的金融机构而言，将移动金融服务融入自身的业务体系中，不仅有利于提高传统业务的灵活性，还能通过引进这种新的金融服务模式来拓展业务领域和客户范围。对于广大客户来说，移动金融使客户能更加方便、灵活地获取相关的金融服务。

参照传统互联网金融，我们不难看出移动金融的优势，它是传统金融行业与移动互联网相结合的新兴领域。移动金融所采用的媒介是以智能手机、平板电脑和无线销售终端机为代表的各种便携式移动设备，通过这些与移动互联网相关的工具，使得传统金融业务的透明度更强、参与度更高、协作性更好、中间成本更低、操作更便捷。面对移动金融的诸多优势，无论是传统的金融机构，还是广大客户，都希望把移动互联网服务融入公司的日常运营管理以及业务服务当中去。

移动金融的形式多样，不仅包括常见的移动支付，还包括许多金融服务的移动化。因此，传统金融业务的移动化是移动金融发力的第一站，其典型代表是以智能手机应用的形式展现出来的手机银行和手机钱包。这些手机应用程序能够将金融机构的一些功能植入手机当中，让用户只要通过手机信号和流量传输，就可以随时随地办理支付、转账等业务，这在移动互联网技术兴起以前，是想也不敢想的。

手机银行的出现既改变了商业银行的金融服务模式，又影响了用户的消费和理财方式。它通过融合个人安全属性的安全卡、个人识别密码等控制方式，为使用者提供更多可选择性的个性化安全保护，从而提高了交易的安全性。客户在手机这种移动互联网终端进行转账、缴费等相关业务操作，更加安全，有利于对客户数据进行保密，避免账号泄密的情况发生。目前国内的移动金融处于发展阶段，其服务方式在本质上还是被动的，需要用户主动去使用，属于银行等金融机构被动响应用户的操作。

传统金融服务在近距离支付方面存在着很大的不足，比如，消费者去商场购物后，若使用银行卡付款，就需要手持信用卡在销售终端机上刷卡，数据传回银行后台服务器进行处理后才能成功实现交易。这种方式需要用户随身携带多张消费卡和银行卡，非常麻烦。移动金融的运用，极大地方便了这一流程。它不仅可以提供远距离的在线管理服务，还能够近距离实现消费和管理功能，简化了近距离消费的操作。

如今，移动互联网金融的应用和发展正在改变着人们日常生活的方方面面。传统金融行业也面临着来自该领域的强烈冲击。许多商业银行面对新的时代发展要求，也希望及时转型，运用互联网技术，将原有的物理网点服务搬到计算机这一类互联网上，再到手机为代表的移动互联网上。

随着智能手机、平板电脑等移动终端的普及，作为互联网金融核心基础设施之一的移动支付，其地位越来越被社会各界重视。表面上，移动支付是将支付终端从电脑端向手机端转移，但如果更深层次地探究这种转移，你就会发现：它极有可能会导致原有的支付领域再一次发生变革，即由有线转向无线。手机等移动终端将支付变得更加具有可移动性，这是它最大的优势所在。毕竟，原先的电脑要么不可移动，要么移动不方便。

我们可以将移动互联网看作是对传统互联网的升级，它在信息技术全面发展的趋势下，拥有巨大的发展空间。随着桌面电脑转向智能手机为主的移动终端的发展，电子商务也呈现出向移动电子商务发展的趋势。目前，商业银行的移动金融发展虽然起步较晚，但也能在信息技术的发展中不断转型，改变其原先的经营模式。比如，从网银转到布局移动支付的过程就体现了商业银行不再是冥顽不灵的角色，而是通过金融创新，推动移动金融的经营进程。

移动金融的模式成功融合了大数据、云计算、移动通信网络和社交网络等技术手段，拥有一系列的技术优势和竞争优势，将对传统的服务模式形成强烈的冲击。著名的波士顿矩阵法曾经将一个公司的业务分为四种类型：问题业务、明星业务、现金牛业务和瘦狗业务。通过这一分法，我们来研究商业银行的几种业务类型：网银业务的增速已经从快速增长转变为平稳增长，属于现金牛业务；移动金融的增长速度最快，同时需要进行更多的资源投入，属于明星业务。商业银行现在需要从现金牛业务中切割一部分利润，投入到移动金融中来，这样才能保证其在新时代的竞争优势与利润。

而移动金融这一新领域，也是作为一片新的蓝海，成为许多互联网巨头的目标聚焦点。2013 年 8 月，腾讯微信联手华夏基金，通过“微理财”提供现金的存取和基金买卖服务，非常简单、便捷，基金公司和互联网巨头开始联手，将理财服务从传统渠道转移到移动互联网终端。

2014 年，移动金融的发展速度越来越快，并且呈现出常规化趋势。其中移动支付在很多领域得到了运用，满足了消费者多样化的支付需求，成为互联网领域和金融领域的革命性创新，对电子商务和零售市场的发展起到了巨大的促进作用。在这个崇尚高效、迅捷的信息年代，没有人愿意一整天被束缚在电脑面前，移动金融的出现满足了人们随时随地享受金融服务的需求。不言而喻，移动互联网金融将成为互联网金融的下一个爆发点。

移动金融的具体应用

信息化程度的加深让金融行业巨头们蠢蠢欲动，它们频频聚头寻求移动互联网金融时代的发展对策。此外，用户在使用金融服务和购买金融产品时，对于操作过程中的安全性、便利性等要求越来越高。如果传统的金融服务巨头们不改革，其在今后的发展态势将令人担忧，毕竟现在是市场经济，银行等传统金融的霸主不再是专吃国家的铁饭碗，而是经历了国企改革三部曲——商业化、公司化、股份化，它们需要同国内乃至全球的公司进行竞争。

因此，传统的金融业在互联网金融强势来袭之际，纷纷举起改革的大旗，发展新业务、拓宽新渠道，争取把握住这个新的机遇。金融行业把发展的新方向聚焦在移动商务领域，具体体现在移动支付、移动银行、移动证券和移动保险四大板块。

1. 移动支付

国内外移动支付的相关组织都给出了关于移动支付的定义，行业内普遍认可的是移动支付论坛的定义：移动支付，也称为手机支付，是指交易双方为了某种货物或者服务，使用移动终端设备，主要为手机、掌上电脑、移动电脑等为载体，通过移动通信网络实现的商业交易。

目前该业务主要定位在微支付和小额支付，属于电子支付的方式之一，具有电子支付的特征，但它又是移动通信技术、无线射频技术和互联网技术相互融合后的产物，因此又具有自身的特点。

（1）移动性。移动设备便于随身携带，在一定程度上可以消除距离和地域的限制，让用户可以随时随地获取他们想要的服务和信息。

（2）定制化。通过先进的移动通信技术和简易的手机用户界面，用户可以根据自己的需求定制个性化的服务和消费方式。

（3）及时性。移动支付不受时间、地点的限制，能及时获取相关信息，让用户可以随时随地查询其账户信息、转账信息、购物消费信息等。

（4）集成性。这主要是指以手机为载体，通过信息交互，运营商可以将移动通信卡、公交卡、银行卡等信息整合到手机平台，进行集成管理。

移动支付业务不是金融机构一手操作，而是与移动运营商、移动应用服务提供商（MASP）共同推出，构建在移动运营支撑系统上的一个移动数据增值业务应用。用户通过发送短信、拨打电话或者使用手机网络功能接入移动支付系统后，再将交易需求传送给 MASP，由 MASP 确定交易金额后直接通过移动支付系统告知用户，用户确认后就可以采用多种付款途径完成交易。

目前，移动支付还属于一种新兴的支付手段，与其他电子支付手段有着一定的区别与联系。就安全性而言，移动支付的安全性不及第三方转账支付，与网络银行在线支付相当，但比电话支付的安全性要高；就收费情况来看，移动支付目前分为两种模式，一种是对于每笔交易，银行都会收取商户一定比例的手续费，而用户无须缴纳服务费，只是按移动运营商的标准收取一定的通信费，另一种是接收短信收取用户0.2元/条，通信费按移动运营商的标准收取。而在大部分第三方支付的服务中，第三方转账服务对商户会收取一定的服务费用，用户不需要支付任何服务费，在使用网上银行时无须支付任何手续费，只是开户行会定期收取一定的服务费用。电话支付则需要商户在申请电话银行号码时缴纳一定数额的移动服务费用；就支付载体来看，移动支付是基于移动通信网络，第三方支付和网上银行支付都是基于互联网，而电话支付则是以固定通信网络为载体。

国内移动支付的脚步要早于互联网金融的大部队，早在2001年年底，广东移动就推出了"手机买可乐"活动，开始了对个人用户移动电子商务的探索。2009年以后，银行业移动支付业务的渗透率达到了24%，拥有了相当数量的稳定用户，并进入了一个产业成熟期。随着近年来移动通信网络从2G到3G，再到4G，加上无线局域网、全球微波互联接入等无线宽带技术以及RFID电子标签、无线传感器网络"紫蜂"等短距离无线技术的发展，使得金融业的客户能够在不同场合、不同环境享受到便捷的服务。移动网络数据传输速度的加快以及数据传输渠道的多元化，为移动支付的快速发展提供了强大的技术支持。

2. 移动银行

随着信息技术的发展，越来越多的手机应用走进了公众的视野。就移动金融领域的应用来说，移动银行的出现和发展改变了许多人日常的生活方式。

一般概念下，移动银行因其对“移动”的不同理解，可以分为两个方面的内容：其一是以手机应用程序等为终端作为银行业务平台来完成某些业务；其二是通过移动银行构建一个简易的银行平台来为用户提供银行业务。在此主要探究和讨论的是移动银行的类型。

移动银行也称为手机银行，是一类充分利用移动通信网络及终端办理银行业务的服务。

移动银行是网上银行的延伸，也是继网上银行、电话银行之后又一种方便银行用户的金融业务服务方式，有“电子钱包”之称。它一方面延长了银行的服务时间，扩大了银行服务范围；另一方面无形地增加了许多银行经营业务网点，真正实现了24小时全天候服务，大大拓展了银行的中间业务。目前国内开通移动银行业务的银行有招商银行、中国银行、建设银行、交通银行、广东发展银行、深圳发展银行、中信银行等。

通过移动银行可以为用户提供自助缴费、自助转账、账户查询和金融服务等多项服务，涉及访问用户信息和管理账户以及银行和股市交易等多重领域。

移动银行属于典型的移动商务应用，通过开通这一服务，有利于加强银行以及移动通信公司的竞争力，也是商业银行在传统业务上的延伸和移动金融服务的新尝试。移动银行具有以下几大优势：

（1）功能便利，使用方便。与传统银行和网上银行相比，移动银行的主要载体为手机，具有可随时携带的特性。在网络和通信顺畅的前提下，它可以使用户在任何时间、任何地点都可以处理自己需要了解和办理的金融业务，很适合应用于小额支付。

（2）使用区域广泛。移动银行通过向用户提供WAP（无线应用通信协议）网站的支付服务，可以实现一点接入、多家支付。

（3）更有发展潜力。目前由于移动金融商业模式的不成熟以及用户习惯的多样化因素，导致移动银行的发展仍处于爆发期，这就意味着它还有很大的潜力可以挖掘。

（4）收费低廉。移动网络的普及让接入移动银行的成本降低，这有利于该服务在低收入的边远地区普及，从而扩大了商业银行的客户数量和客户分布区域。

通过这项移动信息技术的应用，极大地扩展了传统金融的服务渠道。同时，银行的形态也完成了从实体银行到网络银行，再到手机银行的转变。伴随着移动互联网时代的到来，许多用户都倾向于使用便捷高效的手机银行来办理相关业务和查询服务。这种趋势再经过一段时间的发展，势必会部分替代甚至是完全替代实体银行交易，成为未来银行服务的一种主流模式。

3. 移动证券

移动证券也是近几年迅速发展起来的移动电子商务之一，其基于移动通信网络的数据传输功能来实现手机进行信息查询和处理的新一代无线应用炒股系统。用户可以在网络覆盖的范围内，随时随地用手机登录，查看行情。

在证券开市的时间，移动证券用户可以不受空间的限制， 随时随地进行咨询和交易，克服了传统证券交易方式中受空间局限的问题。同时，系统的数据通过专用的内部网络进行传输，有利于防止各种不安全的因素侵入系统，造成交易双方的损失。

移动证券的操作界面简洁明了，用户在手机上进行下单速度更快，线路资源相对丰富，不会出现电话委托的“堵单”和互联网可能出现的“线路连接不上”之类的问题。因此，目前除了柜台、电话委托和网上交易这三种形式外，最受广大股民欢迎的方式就是快捷、方便、安全的移动银行了。

在过去，股民通过电话委托和互联网的形式来进行炒股和相关的咨询服务。虽然这两种方式已经让广大股民无须出门就能完成股票交易，但互联网和固定电话这两种终端的固定性特点决定了它们的便利性有限。而现在，只需要用户手里有一部开通上网功能的手机，就具备了无限炒股的基本条件。

随着定制手机的发展，许多厂家甚至还内置了移动证券的功能，让移动证券显得更加专业。炒股手机一般分为两大类：一类属于软件扩展型，这类手机可以安装专门的炒股软件，主要为智能手机和加哇手机；另一类是无法装置第三方软件的手机，这类手机可以采用网站炒股的方式进行行情查看与买卖交易。

4. 移动保险

移动保险是指保险企业通过与信息化软件开发商、运营商等厂商合作，专门采用手机、平板电脑等设备为移动终端，推出适用于移动网络的移动应用产品和服务，包括保险公司在保户、政府及其他参与方之间通过移动设备共享信息，并完成相关的活动。

实现电子交易是移动保险的最终目的。保险公司通过移动网络实现投保、核保、理赔、给付等业务，具体来说，包括以下几个方面：

（1）移动报价。保险公司可以将公司种类、公司险种、受保说明、服务内容等公司信息进行发布，并鼓励用户通过手机等移动终端查询和浏览。

（2）移动咨询。保险公司配备专门的客服人员，专门通过移动网络来实时解答客户提出的各种保险相关问题，同时还起到向客户宣传保险知识的作用。客服人员通过短信、电话等方式为客户解决问题和传递保险信息。

（3）移动投保。投保人将个人的姓名、年龄、性别、婚姻状况、职业等基本信息以及需要投保的意向通过信息输入到保险公司的移动网络平台上，保险公司的网络系统就会自动从自身经营的投保产品中设计出一种最佳的保险计划方案。如果投保人同意了推荐的保险计划，就可以完成一份移动投保单；若保险公司同意承保，则可以通过短信、电话或电子邮件等方式予以确认；确认后的保单在保险费通过移动银行支付给保险公司后，即可成交一份保单。

此外，移动保险业务可以让保险公司、业务人员以及保险客户在第一时间掌握市场的最新动态，这对于三方都是互利共赢的。

随着移动商务在现代金融业的应用越来越深入，传统金融机构在移动金融领域尝到了甜头，开始主动在这一领域寻求新的渠道和发展机会，这将推动整个传统金融行业的改革，成为互联网金融时代一道亮丽的风景线。

移动金融的竞争环境

如果说 2013 年被业界认作是互联网金融的元年，那么仅仅在一年之后，互联网金融皇冠上最为耀眼的那一颗明珠——移动金融也开始持续升温，在 2014 年实现爆发式的增长。

在市场经济环境下，当一个行业或者商业模式产生以后，伴随而来的就是许多大小公司、团队甚至是个人的介入。这些介入者的能力千差万别，但新产生的行业里很难有一个早早就站立起来的巨人，大家都在日夜兼程，不断发展壮大，向前发展。

目前国内移动金融的炙手可热，让传统金融业乃至许多原来外行的互联网公司都参与进来，不同的是，前者只是为了不落后于时代，力求在稳定中求发展；而后者就像是一个饥饿的入侵者，这些公司急于在移动互联网金融领域找到属于它们的奶酪。这就产生了各种形式的竞争。

移动金融发展到现在已经不只是涉及金融业这一个行业，而是由相关金融机构、移动通信公司、通信设备厂商以及移动应用开发公司等多个行业组成的一个大的产业链。在这个产业链之中，大家时而分工合作，时而激烈竞争。不管怎样，移动金融是在不断向前发展的。

我国的手机用户群体数量居世界第一，根据通信世界网讯（CWW）全球技术研究和高德纳咨询公司最新调查报告显示，中国的手机用户总数在 2013 年首次超过 10 亿。这一庞大的用户群体使得移动金融有了很好的用户基础。几年发展下来，由移动运营商、金融机构、内容和服务供应商、支付平台运营商、手机支付技术开发商、设备供应商和行业用户等组成的移动金融产业链开始形成并日趋完善。

在过去，由于传统金融业务的局限性，其竞争方向主要在于商业银行之间的竞争，而今在移动金融的时代背景下，竞争的对象已经转向了产业联盟之间的竞争。同时，竞争的形态、竞争参与者以及竞争的手段都发生了很大的变化。

首先，传统金融机构之间的竞争变得更为激烈。以商业银行为例，移动信息技术的应用先后和施行强度在一定程度上影响了银行之间的竞争能力，使其在渠道、产品和服务上进行全面的竞争。

其次，是产业链上下游的竞争。移动金融产业链中的各方都想在整个产业链中起到主导权的作用。目前主要争夺的两方代表是银行和电信运营商，它们之间有着非常复杂的竞争与合作关系。一方面，二者必须紧密合作才能为客户提供高质量的移动金融服务；另一方面，它们都有着各自独立的利益，谁获得了产业链的主导权，谁就能够对客户资源有着更大的掌控力。

最后，需要注意的是不同的产业链之间的竞争。目前强势的产业联盟主要有银联牵头的近距离无线通信（NFC）联盟以及中国移动为主的中近距离无线通信（RF-SIM）联盟。

此外，2014 年 3 月，腾讯、阿里巴巴和百度三家互联网企业也开始闯进了移动互联网领域，同商业银行和移动通信公司展开了竞争。其中，腾讯的微信在精选商品当中，推出了“1 元抢购食用油”的活动。这本来是一件很普通的畅销活动，却因为腾讯公司的一个规定而变得耐人寻味，该条规定如下：此次抢购活动，消费者只能通过微信支付来支付订单，未开通微信支付的消费者可以在微信“我的银行卡”界面中根据提示绑定自己的储蓄卡或者信用卡，轻松接入这一便捷的移动支付方式。同时易迅网还对活动中所有的订单进行包邮服务。

阿里巴巴手机淘宝也在 2014 年的第一个购物狂欢节宣布：“3 月 8 日请全国人民吃喝玩乐。”该活动在全国八大城市数千家实体店推出 3.8 元看电影、3.8 元 K 歌、3.8 折吃大餐，在数十个大型商圈线下购物享受超低折扣。这也意味着淘宝网借这一活动扩张移动互联网入口，力争在移动金融领域抢占更多的市场份额和客户资源。

百度则利用 1 月刚收购的团购网站——糯米网，斥资 1 亿元推出了“三七女生节”，活动以电影、KTV3.7 折团购和餐饮酒店 3.7 折优惠，覆盖全国近 30 个城市，其意在布局移动互联网，并叫板淘宝网第二天的优惠活动。

上述活动都加强了移动支付的使用场景，预示着互联网企业正大举进军移动金融领域。按目前的市场情况，银行在整个金融体量当中占据 80% 以上，而且多年的经营已经拥有多条稳定的销售渠道。互联网企业在与银行的博弈中还没有优势，阿里巴巴、腾讯等互联网企业布局移动金融领域，打破了原来这一领域传统的游戏规则，这对传统金融机构造成了很大的心理冲击。

移动金融的商业模式探索及风险分析

业内有学者将 2014 年称为移动互联网金融创新的元年，这一点也不为过。在这一年里，移动金融领域除了需要继续在产品方面下功夫以外，还需要在商业模式和安全方面做更多的探索。

从商业模式上分析，互联网金融的一个显著变化就是让金融活动的主体和对象由专业的投资人、大中企业、传统金融机构转向了小微企业、普通人和互联网公司。就投资理财方面来说，目前新兴的移动金融理财市场尚未形成，而银行理财市场有较高的准入门槛，通常是 5 万元、10 万元起步，这就把一般的客户拒之门外。即使是移动金融公司给银行负责导流，银行在分成模式上占据主动地位，也无法获得数据的反馈。这很可能会使导流产品无法起到“导流”作用。

而传统的基金产品、保险产品等细分领域对于银行渠道的依赖性强，但对移动互联网技术也有着强烈的需求。所以，目前移动金融业的小门户如雨后春笋，数量非常之多，比如铜板街、挖财、玖富的闪银等，都使用基于移动技术的应用程序、微信服务号等形式，通过切入基金、移动授信取现、记账等方式来争取客户。

以铜板街为例，它成立于 2012 年 9 月，其理财交易版于 2013 年 6 月 11 日登陆苹果应用商店，产品早于余额宝发布，是国内第一家综合理财交易应用程序，在移动端上销售基金，主要销售货币类基金产品。在基金类移动金融门户快速发展的同时，我们也看到了这一行业的规模还比较小，适合在移动互联网这一个渠道发行的基金产品也基本上属于简单、标准化的产品，只能获得很低的佣金。但卖货币基金这款无投资成本的基金产品不是移动金融小门户的最终目的，其意在吸引更多的流量，以便推出更多样化的理财产品，获得更高的分成和收益。

传统的线下支付一般都需要使用销售终端机，无论商家购买或是租赁销售终端机，都需要一笔不小的成本，这就给更为便宜的硬件终端创造了一个好的机会。毕竟，国内的商业类型不光有大型的超市和百货商场，还有大量的路边小店、夫妻店、街边店等形式，使用拉卡拉、钱方等形式更能满足客户的需求。比如拉卡拉针对小微商户推出了“收款宝”“生意通”，钱方推出了移动应用程序刷卡器——“钱方支付”等，满足了不同商业结构内容的商务需求。所以说，在移动金融时代，公司或团队只要切中其中一个细分市场，并进一步深入，就有争得市场、赚取利润的机会。

还有一种商业模式是立足于服务移动互联网金融机构，这主要体现在一些新创业的公司开始为金融机构、商户和消费提供信用卡、借记卡、智能卡等硬件、软件的服务及相关技术支持。比如，现在许多金融企业都在微信平台上做公众服务号，这就需要相关的软件技术对接，许多原本提供互联网技术支持的公司团队也开始转向移动互联网领域，提供相关的服务。而且，它们还能帮助商场推出更适合移动支付的服务，并管理商品品类更多的产品。

移动金融在给用户带来便捷性的同时也带来了许多安全方面的隐

患。2014 年 3 月 13 日，央行暂停了支付宝与财付通的二维码支付，这体现了国家对于移动支付安全性的顾虑。而移动支付作为移动金融最关键的一环，它的政策导向对于整个行业的发展都有着深远的影响。自移动支付兴起以来，其支付的安全性问题就一直受到业界的普遍关注。

尽管几乎全部的移动金融企业都在强调移动支付的安全性，但不可否认的是，没有绝对的安全。就目前的情况来看，移动支付领域中，NFC（近距离无线通信）的支付方式相对来说安全一些，但其因牵涉的关联方较多、利益链较长，所以导致发展缓慢。而微信的普及让二维码这个新的工具在商家与用户的手机中得到了广泛的运用，所以，虽然央行目前只是暂停了二维码支付，但并不是永久停止，而二维码支付、虚拟信用卡等创新业务极有可能在未来成为主流的移动支付形式。

在移动金融相关的规章制度还没有规范之际，其产业链上的所有合作方都采用限定额度的方式来保障移动支付的安全，将移动支付的风险降到最低。比如，目前许多人都喜欢利用手机话费来充值 Q 币、购买日常生活用品等，最高可以向手机充值 5000 元，而通过手机微信购买理财通以及支付宝购买余额宝都将有 3 万元、5 万元等不同的额度限制。不过，要是用户用于移动支付的手机丢失，将极有可能带来安全上的隐患。

比如，曾有用户将银行卡、支付宝与手机号绑定在一起，在换新号后，并没有及时取消原有号码的绑定。后来，该手机号的新使用者在使用手机号注册支付宝时，发现已经被注册，于是就通过手机号找回了密码并修改，之后在与支付宝关联的银行卡上进行转账操作，盗取了原来用户的大笔资金。此外，许多黑客利用手机的安全漏洞，开发出许多恶意程序来盗取大量用户的支付账号和密码，拦截并修改转发银行发来的短信，或者直接盗取支付账户的余额。

面对种种安全隐患威胁，目前移动支付全都是用于小额支付。腾讯、百度、奇虎360等互联网巨头开始发力移动金融安全。其中，腾讯公司的手机管家结合微信、QQ、财付通等旗下产品，致力于打造一个移动安全的产业链；百度也结合自身开发的百度手机卫士，高调宣布进军移动安全领域；奇虎360也将移动安全上升为系统级，推出了丰富的移动安全产品，这将给整个移动支付领域带来更加安全的整体保障。

为了避免用户对移动金融的过度担忧，腾讯、支付宝和京东等互联网金融企业纷纷采用全额赔保的方式，来降低用户的风险，将风险转移到企业自身。而腾讯、360与百度则已经将移动安全产品当作战略级的产品来做，相互之间的竞争也非常激烈。

第六章 信用融资，白手起家

从传统金融市场到互联网金融市场，信用（品牌）的重要性不但没有降低，反而有了一定程度的加强，并且收集信息的种类和应用的领域也在不断扩张。财富永远向信用密集的地方流动，哪怕你现在一无所有，只要你有信用，你仍然可以白手起家。

财富永远向信用密集的地方流动

人类历史发展到今天，“信用”二字已经有了丰富的内涵。信用从经济学层面上说，是指经济活动中，授信人在充分信任受信人能够实现其承诺的基础上，用契约关系向受信人放贷，并保障自己的本金能够回流和增值的价值运动。通过这个概念，我们了解到“信用”其实就是指“借”和“贷”的关系，即一段限定的时间内获得一笔钱的预期。

随着科技的发展和社会的进步，信用本身也发生着改变：一方面信用的方式由最初的实物借贷向货币变化；另一方面信用活动领域从一开始的消费领域向社会再生产领域扩大。以前，信用是依靠各种担保、证明、记录累积而成的，而现在已经步入了互联网金融时代，信用构成体系包括支付场景、消费结构、购买习惯、社交关系等碎片化的信息。

这些年来，互联网覆盖范围越来越广，越来越深，并随着云平台系统逐渐渗透到工作、生活的各个领域。越来越多的信息被采集，并且随着信用价值的精准转化，很多的普通人都被赋予了信用。随着使用信用的人不断增长，信用本身也被越来越多的人了解和重视起来。

幸福里是华润集团在南宁市开发的住宅小区，它属于南宁市最高档的小区之一，里面普通的一套房子都要500多万元，可想而知，幸福里小区的业主都是有钱人。有一天，幸福里的一个业主在小区里面散步，感觉口渴了想喝水，就到小卖部去买水，可是他忘了带钱，他就对小卖部的老板说："我口渴了想喝水，可是忘记带钱了，你能先赊我一瓶矿泉水吗？"

结果，小卖部老板果断拒绝了他的请求。这时候又来了一个八九岁的小男孩，这个小男孩进来后直接跟老板要了三瓶冰红茶，而且也没付钱，只是说了下次还上，这个小卖部老板马上就把冰红茶给他了。这个业主看到这情形，不明所以，就问老板："他一个几岁的小孩，自己肯定赚不了钱，没有任何还款能力，而你却把冰红茶赊给他了，而我是个成年人，能住在这里说明我有几百万元的身价，我还有辆保时捷，你为什么就不能给我一瓶矿泉水？"

小卖部的老板微笑着说："这个小男孩在我这里有50元的授信，因为他以前经常在我这里买东西，还有他以前也在我这里赊过东西，每次还的时间非常准时，比如，之前他到这里拿过10瓶水，都准时还了。而你不同，虽然你看起来是个有钱人，但是我不认识你，我跟你从来没有交易过，你到我这里从来都没有信用记录，所以我不愿意赊给你。"

这个业主见小卖部老板这么说，只好忍着渴，回家去喝水了……

所以，信用 = 信誉 + 使用。

从上述案例中，我们可以看到信用的重要性。如果没有信用，融资无异于天方夜谭，甚至连一瓶矿泉水都赊不到。这里的信用跟我们在银行是一样的，需要我们经常去使用它，才能有一定的信用累加。如果你从来就没有跟银行直接打过交道，那么银行是不可能贷款给你的。幸福里小卖部的老板不认识业主，一点信用也没有，即使他有 500 万元资产；小男孩虽然没有任何资产，但他会经常使用他的信用，这样他就会被小卖部老板认为是一个讲信用的人，这次是 50 元的授信，下次可能就是 100 元的授信了，因为他每次都按时还。而该业主因为没有经营他的信用，以至于一瓶矿泉水都赊不到。

财富永远向信用密集的地方流动，就算你现在没有钱，并不代表你将来还是个穷光蛋，只要你不断积累你的信用，将来钱就很容易得到。钱只是一种媒介，信用才是根本，有了信用才能办成事情，达成交易。

生意场上，一方是否有信用直接影响到双方合作的方式。如果你有信用，那么你同对方谈生意的时候可能不需要钱就能做成；如果你没有信用，那没有别的办法，你只能是一手交钱一手交货，根本没有卖出货后再还款的无风险优惠。没有信用的时候只能拿钱来过桥，如果有信用，根本不需要钱过桥，生意直接可以达成。由此可见，在商业中信用的重要性。

试想华人首富李嘉诚现在把他所有的资产都作为遗产给他的儿女，或者全部捐赠给社会机构，他变成了一个身无分文的人。这时候，如果他问我借 100 万元，我是借还是不借？借！如果他去问银行借 1000 万元，银行借不借？答案也是肯定的。为什么？因为他在我和银行心中有信用。所以说，在很大程度上，拥有信用就相当于拥有了大量的金钱。所以说，财富永远向信用密集的地方流动。

信用融资，白手起家

从传统金融市场到互联网金融市场，信用的重要性不但没有降低，反而有了一定程度的加强，并且收集信息的种类和应用的领域也在不断扩张。

对于许多创业者来说，信贷是其开办公司的重要资金来源之一。从银行方面考虑，企业的经营成果、偿债能力和获利能力直接关系到银行信贷资金使用的好坏与效益的高低，银行需要给予科学的评价，最大限度地防范贷款风险。

同时，随着国家政策的调整，国有银行向商业银行转化，也使得银行对于信贷资产的安全性和效益性的要求更高。在这样的多重背景下，信用评价的重要性日趋明显，也促使创业者需要专门去塑造自己的信用。那么，具体该怎样去做呢？

最基本的方法就是办理信用卡。信用卡就是一个非常好的融资渠道，而且信用卡还有56天的免息期，如果你一穷二白，跟银行发生的第一次关系也只能是信用卡。你如法炮制上面的方法，开始办理各大银行的信用卡，然后再使用信用卡消费，也就是银行先帮你垫钱让你消费，你56天之内还款就可以了。办理信用卡之后呢，你要勤刷卡，买房子刷一刷，买车子刷一刷，甚至是到菜市场买菜，如果阿姨有销售终端机，你都要刷一刷。随着你刷卡次数的增加和刷卡额度的增大，你在银行系统中的信用额度就会越来越高，信用卡也就可以提高额度，你就可以从银行中通过信用卡融出你想要的资金。否则你的信用就一直提高不了，所以你在一开始就要使用这个信用，包括你周围的亲戚、朋友、同学、同事以及银行、抵押公司、小额贷款公司，你都可以先问他们借钱借物，然后再还，循环几次之后，你的信用级别也就越来越高。等到你想要创业的时候，你就可以不用为初始创业资金烦扰了。

所以，在创业之前一定要积累你的信用。如果你有了很多信用，到时候能给你提供资金的对象就会有很多。即使你现在一穷二白、一无所有，只要你有信用，就保证不会缺钱！

阿里巴巴的创始人马云如今可谓功成名就，被称为“创业教父”，其实他创业之初就是从融资开始的。1999 年 2 月 21 日，马云妻子、同事、学生、朋友等十八个人挤在杭州湖畔花园的家里围绕着马云，开始听马云慷慨激昂地演讲。后来，这十八个人成了阿里巴巴著名的“十八罗汉”。

在这次聚会后，这十八个人东拼西凑了 50 万元当作注册资金创立了阿里巴巴。50 万元对于当时的新浪、搜狐、网易这样的大型门户网站来说，只是一笔小小的广告费，可是对于当时的马云却是他们全部的家底。马云当时还说：“至于将来具体要做什么，我自己还不知道。”那么这些人为什么愿意把自己的家底都交给马云来创业呢？

这是因为他们在和马云一起共事和交往的过程中，马云在他们心中有一个很高的信用额度，高到他们能将家底都拿出来交给马云，与其说是“十八罗汉”解决了阿里巴巴的注册资金问题，不如说是马云靠信用融到了这些资金。

像马云这样通过融资创立企业，最终成就一番大事业的企业家还有很多，蒙牛创始人牛根生也是其中之一。牛根生离开伊利时已经43岁，这个年龄去人才市场都已经不再被用人单位考虑了。于是他与当时一起被免职的伊利中层干部创办了一家新的乳品生产企业。

对于新企业的注册和前期运营资金，也是靠牛根生自己一个人解决的。当时这些人手里都有一些原始股票，他们把这些股票卖掉凑了100万元，终于成立了内蒙古蒙牛乳业集团。但这100万元显然不够，牛根生以前的同事、下属听说了这个情况后，纷纷把钱投给刚创立不久的蒙牛。在这部分人的带动下，他们的亲戚、业务往来的朋友都开始把钱交给牛根生，就这样一下子融到了700多万元。为什么这些人都抢着把钱投给蒙牛呢?

据牛根生本人说:“也许是我在伊利就喜欢给下属发钱,名声在外。”原来他在伊利集团时，他的最高年薪达到了108万元，他常常拿出相当多的一部分同大家分享，而且他还有十多年的乳品经营管理经验，他的为人和能力都增加了他在大家心中的信用度，因此这些人都觉得把钱交给牛根生放心。

从这一点看，牛根生在创业之初所有的东西都是靠融资融过来的，包括蒙牛的注册资本、前期的奶源、品牌的塑造等，融资和信用度这些密不可分。当然了，让牛根生一战成名的还是2008年蒙牛因三聚氰胺毒奶粉问题遭遇的公关危机。

三聚氰胺事件发生后，蒙牛陷入了前所未有的危机。2008年10月的一次企业家聚会上，沉寂多时的牛根生出现在聚会上。在饭桌上，柳传志、傅成玉、田溯宁、马云、俞敏洪、郭广昌等企业界的大佬级人物聚在一起讨论三聚氰胺引发的乳业危机。

牛根生在谈话中告诉大家，蒙牛在遭受牛奶下架、股价暴跌的连续打击之后，很有可能被外资恶意收购。说到动情之处，牛根生流泪了。面对他的真诚，现场的企业家纷纷被感动，并表示愿意出手相救，他们相信牛根生的企业和为人。

这次聚会后牛根生写了一封题为“中国乳业的罪罚治救——致中

国企业家俱乐部理事及长江商学院同学的一封信”的万言书，通过这封万言书，他做了一个重要的工作就是向这两个圈子里的企业家要求拆借资金。这两个圈子里的人数不多，但资金量大，他在圈子里通过个人多年培养的信用进行危机公关，最终融到了数亿元的资金，解了蒙牛的燃眉之急。

马云、牛根生等大企业家都利用信用来进行融资，并收获了他们需要的东西。我们也需要用心经营信用，财富永远向信用密集的地方流动，当我们的信用很高时，财富自然滚滚而来。

信用卡与承兑汇票中的信用

在互联网金融时代，越来越多的人开始关注自己的信用，信用的价值也越来越高。在这个背景下，一种非现金交易的付款方式风靡市场，它就是信用卡。信用卡是一种简单的信贷服务，也是中国个人金融服务市场成长最快的产品线之一。

大家看到信用卡三个字，最直观的印象是什么？当然是“信用”二字，这张卡不是人人都能拥有的，你必须拥有一定的信用才能获得它，这也就说明信用与信用卡之间密不可分。在我看来，拥有了信用卡就可以向银行融资，而且只要按时还款，信用卡是免息的。如果你向朋友亲戚借钱，这次借成了下次很有可能就借不到，但你从银行借钱就不用担心这些问题，银行拥有足够多的资金，只要你有信用就能融到你需要的资金。

从这个角度来看，信用卡可以当作个人向银行累积信用的工具。

大多数情况下，当你第一次向银行贷款时，银行是很难贷款给你的，因为它没有查到你们之间的交易记录，你们都没有交易过，它又怎么信任你呢？但是，如果你已经使用过它的信用卡，并且每次都是按时还款，甚至提前还，这个时候银行的系统里就会有你的信用记录。这个信用记录非常重要，它在很大程度上决定着你的信用卡额度。

如果你按照上面的方法，不断地借款还款，提高自己的信用级别，这样你的信用卡额度就能从 5 万元到 10 万元、20 万元，贷款额度会随着你的信用级别的提升而越来越高。

上面强调的是个人信用的重要性。其实企业也一样，大多数中小企业都有资金需求，有了资金才可能有更大的发展。所以我一直强调企业也要授信，而这个授信主要是通过银行承兑汇票来体现的。

承兑汇票是一种由债权人开出的要求债务人付款的命令书。当这些汇票得到银行的付款承诺后，即成为银行承兑汇票。银行承兑汇票是一种短期的融资工具，当企业每个月把营业额和流动资金都足额交到银行，经过多次操作之后，银行给你的授信就越来越高，给你能开的承兑汇票的金额也越来越大，这就相当于企业的信用卡额度越来越大。如果企业经过这样的操作拥有了一个 1000 万元的承兑汇票，那么就可以用这笔钱来进行交易，而且承兑汇票的有效期为 30 ～ 180 天，在此期间你完全可以拿这笔钱去运作更多的项目，生产更多的产品。

不论是信用卡，还是承兑汇票，它们的额度都是根据你的信用级别决定的。当你了解其中的信用操作规律，就一定要好好利用这种规律，它能让你在信用不断提升的同时，缓解你的资金压力。

商业银行的赢利模式思考

国内商业银行最主要的收入是赚取利差，其次是中间业务的收入。而国外商业银行的主要收入大多数都是依靠中间业务，两者的赢利模式有很大的不同。此外，不同的商业银行因业务范围的不同，其赢利模式和数额也存在很大差别。

中国工商银行与招商银行在当前的环境下很有优势。以招商银行为例。其在几年前仅基金托管、销售就增加了20多亿元的中间业务利润，而且银行资产的质量也在不断提高，不良贷款率越来越低，甚至比许多上市多年的公司的资产质量还要高。随着互联网金融时代的到来，商业银行在积极转型的同时也在进行多元化的经营，允许其直接控股或参股保险公司、证券公司和期货公司等金融机构，并进一步降低了商业银行的营业税，使得商业银行的赢利空间得到进一步扩大。

以中国工商银行为例。中国工商银行基本上在国有四大行中是最赚钱的。根据国际财务报告准则显示，2013年工行实现净利率2630亿元，较上年增长了10.2%，日均净赚7.3亿元。同时，其不良贷款率不到1%，且拨备保持充足。就工行每日7.3亿元的利润来说，要是被个人拥有的话，那他肯定会为这么多钱该怎样花而烦恼。

为什么银行能够这么有钱呢？ 首先，银行它借的是国家的信用，属于信用密集的地方。因为以前银行都是国有的，相当于国家做担保，这样我们大家都相信把钱存在银行里是百分百安全的，从此银行就不缺钱了。其次，银行属于资本密集的地方。由于我们国民的投资渠道有限，大家没有投资项目的时候，只能选择储蓄，所以我国的高居民储蓄率为银行提供了大量的资金，让银行有了赚更多钱的机会。银行借我们的钱可以投资基金、做保险等各类理财产品。所以，商业银行的赢利模式就是两个字——“敢借”，借得越多，赚得越多。

现在我们去银行存钱，遇到人多的时候还需要领号排队，需要严格按照银行的操作流程走。要知道，储户存款相当于借给银行钱，但还要我们这么费事，这样的服务是不正常的。在国外，用户去银行办理业务时，享受的服务要比国内好，它们可能会提供免费咖啡和牛奶，这主要跟银行的性质有关。以前银行是国有的，所以储户都很放心地把钱存在那里，现在银行也变成了商业银行，但是银行的服务意识还没有转变过来，老百姓对于银行在自己心中的地位也没什么变化。不管国内商业银行的服务态度怎样，储户还是觉得银行是关系国家经济命脉的重要行业，有国家作坚实的后盾，把钱存在银行肯定会非常安全，总比把钱放在家里等着它发霉或者被老鼠啃要强得多！

如今，这样的观念在慢慢变化，随着互联网金融的全面发展，人们发现自己的闲散资金没必要非得存进银行获取少得可怜的利息了，P2P 网贷以及各种基金、理财产品的集中式爆发，年化收益率从 6% 到 8%、11% 甚至更多，远远超过了银行的存款利率，这让原本无忧无虑就能够赚大钱的银行感受到了威胁。

根据中弘基金官方微博公布的最新消息称，截至 2014 年 2 月 26 日，余额宝的用户数已经突破了 8100 万，根据业内人士估计，余额宝的规模已经高达 5000 亿元左右，稳居国内最大基金的宝座。与之形成反差的是，央行公布的报告显示，居民储户的存款呈现不断递减的现象，存款的流失数额在不断地增加。

这种情形说明了银行在管理以及经营模式上存在一定问题，导致它很可能在这个新的时代下被民营银行、互联网公司等削弱、超越。

在互联网新时代来临之际，我们要学会灵活变通，学习银行原有的赢利模式，并推陈出新，发展出一种更加贴近当前市场需求的新模式。

建立品牌：珠三角代工生产加工的建议

如今，社会各界都在谈品牌，那么品牌究竟怎样解释呢？简单地说，信用的累积形成品牌，就是消费者对产品及产品系列的信任程度。比如，客户对金融邦以及世纪华夏商会的认知程度就决定了这两家机构的品牌影响力。

那么，我们乃至千千万万的大中小企业，为什么都在不遗余力地强调品牌呢？从经济学的角度来看，品牌信用度的提高可以有效地降低消费者的选择成本，并提高他们对该品牌产品的需求。国内有一定品牌认知度的企业除了几个冠以百年老字号的传统店铺外，绝大多数都属于互联网企业。

在中国的民营企业中，如果一家企业已经做了20年以上，我们可能会说这家企业很厉害，但你要是去国外企业参观的话，你可能会看到门口站着一个白发苍苍的看门人，当你询问他时，他会自豪地说："从我爷爷的爷爷那一辈，我就在这里干活了。"就这样普普通通的一句话，让我看到了国内与国外企业的差距。我觉得它们能经营这么多年还顺风顺水，靠的就是品牌的信用度。

当我们买车、买衣服、买手机的时候，总是会优先考虑外国品牌，似乎在我们的思维里，国外品牌的质量总比国内好，国内的基本上都是些劣质货。造成这种结果的根本原因是什么？就是品牌的信用度。

品牌实际上就是信用的累积，当消费者对你的产品具有足够的认知和信任时，就能形成你自己的品牌。珠三角有许多服装和鞋子的生产工厂，它们基本上都是在做代工生产（OEM），从来没有想过去培养自己的品牌。企业在代工生产早期阶段是可以获得一定的利润来源的，但是更大利润其实被国外的品牌企业所套取。就家具行业而言，中国出口到美国的家具，其卖价至少提高了 3 ～ 6 倍，甚至更多，代工生产最大的弊端就是成为国外品牌的奴隶，挣的只是微薄的加工费，它们不想怎样建立自己的品牌，而是把自己企业的命运都交给了别人，这是极度可悲的事情。

近些年来，随着原材料和劳动力成本的不断上涨，该地区劳动密集型制造企业的成本优势正在逐渐丧失，加上欧美市场经济不景气导致订单萎缩，大量的中低端订单转移到东南亚和南美洲等发展中国家。毫无疑问，这些代工生产工厂的发展陷入了严峻的困境，将面临着新一轮的洗牌。

对于这个问题，我个人认为主要是因为企业不注重在消费者心目中建立自己的信用。我建议那些代工生产厂商在看完这本书后的第一件事就是马上建立起自己的品牌。从某种意义上来说，停止错误的战略就是最好的战略。这些工厂的老板通过品牌建立一个完整的信用体系。如果这些企业主们能够想到这一点，那么他们还会去代工那些LV（路易威登）和GUCCI（古弛）吗?

近几年来，珠三角这些代工厂不但没有提高自己的信用，反而在消费者心目中留下了一些负面的印象，被斥责为冒牌货、盗版货的集中营。从消费者的角度来看，这样的工厂已经失掉了对消费者的信用，不值得他们尊敬。信用一旦失去，财富很快也会随之流失。

所以，国内的那些代工生产加工厂一定要打造自己的品牌来建立在消费者心中的信用。当信用建立起来之后，财富自然就会向你靠拢了。

一场关于企业品牌包装的漫谈

秦仁杰：“嘿，戚总，最近有什么新动向？”

戚剑强（国内知名音乐制作人）：“刚推了一首新歌《醉当年》，被宝马收录进随车赠送的光盘里面咯，到时你买辆宝马，厂家就送你一张，很超值呀，哈哈。”

秦仁杰：“哈哈，戚总厉害，恭喜恭喜。”

戚剑强：“其实宝马厂商比我厉害多了，采取这种方式来进行企业品牌的塑造，看来老板肯定是儒将风格的。”

秦仁杰：“我听过这首歌，很适合中青年成功人士细细品味，‘灯火阑珊，遥想当年，往事像一杯醇香的酒……’”秦仁杰眼睛微微闭上，思绪仿佛飘到云天之外。

戚剑强：“秦总，光听歌你就醉了？哈哈，看来宝马的老板眼光很毒辣呀。”

秦仁杰：“关键是我有共鸣。”

戚剑强：“是的，当人的思想境界达到一定高度的时候，就会不由自主地关注起曾经在他的人生中留下美好记忆的人和事，特别会对童年时的友情、青年时的爱情、家乡浓浓的亲情有着深深的眷恋、牵挂，难以磨灭。”

秦仁杰："嗯，人总喜欢怀旧。"

戚剑强："这首歌语言很平实，又带着些许沧桑，一唱三叹中充满着对人生的感怀和故乡的眷恋，恰如陈酿的酒，醇香厚重，让人闻之动容。"

秦仁杰："你说得对，岁月如歌，好歌如酒，听你这么一说，我也醉了。"

戚剑强："呵呵，看来秦总骨子里也是一名文人骚客嘛。"

秦仁杰："有吗？"

戚剑强："当然，而且很严重，哈哈！"说完后两人不约而同地笑了起来。

戚剑强："秦总，这首歌有两个大品牌在抢，很有意思。"

秦仁杰："哦？"这引起了秦仁杰极大的兴趣。

戚剑强："广西有一种白酒叫'忆当年'，当时他们向我约了稿，作品完成后，厂商耗资百万元举办了'忆当年'杯广西原创歌曲演唱大赛，以指定演唱歌曲方式隆重推出，当时可谓轰动全城。"

秦仁杰："嗯，我听说过，反响很大，戚总你是一战成名啊。"

戚剑强："过奖过奖，2012年的时候，当时哈文导演也听过这首歌，赞赏有加，只是可惜没被选上春晚，真的很遗憾。"

秦仁杰："如果歌曲上了春晚，那产品也跟着爆红了，抵得上天价的广告费呀，老板请你写歌还真是超值，你们实现了共赢。"

戚剑强："哈哈，秦总，你不愧是总裁金融思维的专家，老板确实是这么想的，借势很重要，也是非常牛的营销手段，所以他们生意才做得那么好，因为大家都是聪明人，哈哈。"

秦仁杰："那宝马怎么看上了这首歌，据我所知，企业形象宣传资料里会收录另外一家企业的形象歌曲，这是很少见的。"

戚剑强：“这首歌很动听，并且能够打动人心，但要是原封不动地被宝马收录就存在一定麻烦，当时我们协商了一下，干脆把歌名从《忆当年》改成《醉当年》，结果就有了今天的局面。”

秦仁杰：“哈哈，戚总，你可真是天才。”

戚剑强：“天才我承认，但是我也一直在做很多积累工作，可别忽略了我的奋斗历程哦，所有成功都有来龙去脉，这可是你金融课程的一个精髓，我在这里就当活学活用啦。”

秦仁杰：“戚总真是有心，看来在很认真听课，我可以奖励你一朵小红花啦。但是，我对国内企业品牌包装这块有些思考，我们现在就可以交流一下。”

戚剑强：“我看了秦总对‘达人汇文化产业发展集团公司’的总体规划，感触很深，如此庞大的计划真是震撼人心。我记得秦总经常说‘金融是大家一起玩的’，我想文化也是一样，只有大家一起把蛋糕做大，才会有意思。”

秦仁杰：“戚总果然与众不同，格局非同一般。”

戚剑强：“秦总过奖，其实你才是真正的智者，我只能算得上是一个市场的搅局者。”

秦仁杰：“戚总可不要小看这搅局者的作用啊，他其实和市场引领者概念一样。”

戚剑强：“秦总在这方面真是研究透彻，好吧，那咱们就一起忆当年。”

秦仁杰：“那就请故事大王戚剑强老师开讲吧，我愿细细聆听。”

戚剑强：“20世纪90年代，唱片工业属于垄断状态，出首新歌要几十万元，按今天的购买力换算，相当于两三百万元。后来随着网络音乐时代的兴起，制作成本下降了近10倍之多。而2007年我以制作人身份进入市场，经过独特的经营手法，硬生生地把准入门槛拉到万元以下，到现在，实战作品有1500多首，可谓是见证了国内音乐文化的繁荣，也扮演了一个小小的推手角色。

七年来，我合作过的300多个客户，音乐素养都有所提高，基本都保持每年1～2首的创作频率。但是，因为我自身水准的提升，自然就会涨价，最后只有20%，也就是大约60个人能和我携手前进，而这20%的人基本都可以靠音乐文化吃饭，其中还有一位百姓歌王哦。

'旧时王谢堂前燕，飞入寻常百姓家'，其实文化终究会成为一个巨大的产业，会与普通大众所共享，这就是即将到来的潮流，主要看大家是否愿意去抓住。反过来讲，人人搞原创的年代，企业若不领先推出精品，唯一的结局就是受到消费者的鄙视。"

秦仁杰："你说得很有道理，社会客观规律如此，国家政策现在也大力鼓励文化发展，这是势，大势所趋，就看大家如何各显神通咯。"

戚剑强："秦总，你竟然抢我台词！"

秦仁杰："这只能说是英雄所见略同！"

戚剑强："以前我一个人单打独斗的时候，都算是一个市场搅局者，如果可以和你并肩作战，很可能我们会成为万众景仰的引领者！我个人非常期待那一天的到来。"

秦仁杰："有多大的格局就会有多大的事业，你是与众不同的音乐人，不拒绝多人一起玩，不拒绝商业化，不拒绝资本的力量，这已经是非常难得的精神，不仅如此，还能够通过对资源的整合做出目前这样辉煌的成绩，实属了不起。我们就是要做市场的搅局者，拥有最强的资本融合能力，到时如果把所有优秀的人才集中起来，绝对会出精品，出影响力！"

戚剑强："对，这也是我一直以来的理想！"

秦仁杰：“我对你之前做的拉低门槛的事迹很是欣赏，要想做先驱者，就该有大志向，也会有大牺牲，你当时这一举动相当于是在亏本赚吆喝。”

戚剑强：“我始终坚信做出了大的牺牲，就必然会得到大的回报，从现实来说，我只是赚少一点而已，因为我团队的工作效率比其他团队要高得多，在衔接上做得科学严谨，时间就是金钱，所以并没有亏本，属于可持续发展！”

秦仁杰：“你果然厉害，我在这里表示佩服，那这次你又打算怎么搅局呢，来个什么超级大礼包？”

戚剑强：“秦总你才厉害，之前和侯总确实在研究这个模式——超级大礼包，你看过古龙的一部小说叫《七种武器》吗？这个超级大礼包集合了七种必杀技，外号‘威震天’，关键是它的价钱，居然像榨油一样，只要市场价的20%！”

秦仁杰：“太棒了，为戚总的大爱鼓掌。”

有需求就有市场，这次谈话以后，由于我的很多学员听过我的课程以后都希望能对自己的公司以及产品进行品牌的形象包装，为了帮助更多的学员不花钱而迅速做强、做大，一个专业做企业品牌形象包装的文化产业帝国蓝图逐渐在我心中清晰起来，所以我联合国内著名的音乐制作人戚剑强、微信营销专家侯玉斌，还有亚洲最年轻的演说家曾仕涵共同成立了“达人汇文化产业发展公司”，专注做企业品牌包装，把企业的故事写成书、歌曲，或是拍成微电影，让企业品牌故事和文化更加容易流传。

达人汇文化产业发展集团公司

达人汇文化产业发展集团公司是一家涉及音乐、电影、电视、动画、图书等多领域的文化产业公司，我们的目标是“好莱坞＋迪士尼＋百老汇”，弘扬中华文明，宣传中国文化，让国人爱国，让世界热爱中国，建立文化产业（电影／电视／动画／音乐／图书）的产业链的绝对影响力。

一、公司长期规划

文化产业公司的长期目标：

（1）弘扬中华文明，宣传中国文化，让国人爱国，让世界热爱中国。

（2）2030年前，运用各种文化产品，让全球80%的人了解中国文化。

（3）2030年前，在文化领域创造出百亿美元的上市集团公司3家。

（4）2030年前，帮助1000个文化企业走向世界，其中集团参股的公司达300家。

（5）建立文化产业（电影／电视／动画／音乐／图书）的产业链的绝对影响力。

二、文化产品公司四大平台

1. 艺术素质培训平台（2016年）

艺术素质培训平台分为三级，分别是艺术鉴赏（2016年）、艺术专业（2017年）和艺术家（2018年）。其主要目的是为了提高企业家的艺术鉴赏能力与生活品质，具体课程有：

（1）表演（电影鉴赏、形体、朗诵、游学）；

（2）音乐（音乐欣赏、声乐、器乐、音乐会游学）；

（3）舞蹈（舞蹈欣赏、国标舞、现代舞、游学）。

2. 产业孵化平台（2016年）

从演艺、影视、音乐、舞蹈、写作五个方面独立或合作打造大型活动，做到宣传达人汇精神、整合供应链、制造达人汇自身明星、发现优质合作公司和建立产业链。2014年年初定的项目有电影《中国梦》“《说出我的B点——我的2030》达人汇微电影大赛”和“2014达人汇年会”。

影片《中国梦》介绍的是2030年的一对艺术家情侣被来自2050年的艺术机器人袭击，为探求真相，共同穿越至2050年，最终解决了未来的敌人，全面展示了2030年中国成为超级大国、2050年中国成为第一强国的美好蓝图。

影片采用全新的众筹商业模式进行运作，预计在2016年春节上映。对于剧本、演员将全面在大系统中进行海选，先由各分公司征集。

《说出我的B点——我的2030》达人汇微电影大赛由企业出剧本与演员，制作自己企业的微电影。本大赛获奖作品将由文化娱乐公司向大系统内每一会员推广，并发行在微电影各大网站。最佳演员将自动签约达人汇明星经纪公司，并参与《中国梦》的影片拍摄。

3. 企业服务平台（2015年）

目前文化公司能提供以下文化类产品给所有企业家：

（1）为企业客户提供文化服务的整体管家服务，打造专属于你的文化品牌。

（2）企业品牌文化（CIS）策划。

（3）企业开业、庆典、新品发布会、年会。

（4）企业文化聚会、舞会。

（5）为企业领导人创作书籍或自传，达到企业文化的传承，新华书店、机场，当当网，卓越网、亚马逊、淘宝等各大网上书城联合推广。

(6) 企业明星代言。

(7)企业歌曲创作及MV(音乐录像带)的制作，全国各大KTV上架。

(8) 剧本的创作，企业微电影创作。

(9) 企业宣传片创作。

(10) 行业纪录片创作。

(11) 动画人物、动画片创作。

(12) 商业空间策划、设计、施工。

(13) 微（移动互联、互联网）营销。

4. 投融资平台（2015年）

打造文化产业的投融资平台与金融超市，将文化产品转换为股票、债券、期票、彩票、基金等金融产品。将明星代言与金融平台相结合，全面提升各会员单位的企业形象及品牌知名度。

“达人汇”——一个文化产业帝国正式宣告成立。

第七章 借力资本，引爆利润

传统产品运营是做加减法，金融资本运营是做乘法；产品运营是“爬楼梯”，资本运营是“上电梯”；产品运营是“一代致富”，资本运营则是“一夜暴富”！

中小企业的融资春天

随着社会主义市场经济的发展，企业的筹资渠道和筹资方式已日益多元化，然而我国的市场经济体制还不成熟，加上许多中小企业主过度夸大融资的风险，不敢融资，一直停留在小打小闹阶段，使得这些企业在经营中遇到各种各样的困扰，发展前景不容乐观。相对而言，那些大企业因为有专业的金融理财顾问团队，活跃于各大资本舞台，企业规模自然也越做越大。

这样的现状无疑让中小企业的融资环境更加恶劣。尽管目前我国对国企实行抓大放小政策，但中小企业仍普遍存在资金融通困难的问题，严重阻碍了其发展。首先，我国的中小企业绝大多数规模很小，企业要想壮大生产规模，不融资不行；其次，企业要获得一定的竞争优势，也需要不断融资；最后，企业在发展过程中，无论是产品的研发、新项目的启动还是提高生产效率都需要融资。大多数情况下，尽管企业可以通过设备、土地、无形资产等换取出资，但现金的流出才是最直接的。

截至 2013 年第三季度末，全国工商注册的中小企业数量达到了 4200 万家，比 2007 年增长了 49.4%，占全国企业总数的 99% 以上。同时，中小企业贡献了 58.5% 的 GDP（国内生产总值），68.3% 的外贸进口额，52.2% 的税收和 80% 的就业率。通过这些数据，我们可以看出中小企业对于国民经济生活发挥着越来越重要的作用。

优胜劣汰不仅是人类进化史的生存规律，还是企业发展的基本规律。有了资金，企业才能够扩大生产经营规模或发行股票和债券。此外，企业在争夺市场的过程中，也需要大量的资金作为支撑，一旦企业耗不下去，就会半路夭折。而在一些小企业和刚刚创业的个体户之中，有很多在日常生产、经营中也会出现资金缺口。每当这时候，企业就必须通过融资的方式来维持经营。

在这些原因下，绝大多数中小企业都需要融资，但是原先它们融资主要靠银行信贷，而各大商业银行都在竞相争夺大企业做客户，因此，单一的渠道和银行商业化过程中偏好的转移使得中小企业的融资非常困难。当然，许多中小企业自身也存在着许多问题，比如，财务状况恶劣，银行出于自身风险控制考虑，自然不愿意给中小企业提供贷款。

对于一些中小企业来说，融资比电子商务、营销都要重要得多。当时银行信贷资源真正流向中小企业的那部分不到信贷总额的 3%，也就是说，在占全国企业 99% 以上的地方，金融血液输入不进这块社会经济最活跃的地方，有 90% 以上的中小企业都拿不到银行贷款。这样的现状，让我感受到了创立一个给中小企业提供借贷款的网络平台的迫切性，这也是我创立梦工场金融平台的原因之一。

然而，这些情况在近几年来正逐步发生着改观。随着阿里余额宝、百度理财、网易理财、苏宁零钱宝、微信理财通等理财产品的火爆销售，“互联网金融”已经成为2014年最热词汇之一。这时候也是几家欢喜几家忧，一方面，传统的金融机构对此充满了警惕和恐慌，因为互联网金融动了他们一直拥有的奶酪；另一方面，阿里巴巴、腾讯、百度等互联网巨头则充满了兴奋，打算在互联网金融领域大干一番，以开辟新的利润来源。

面对这个新生事物，金融监管者们按兵不动，保持着警觉与观望，他们明白互联网金融的迅速增长肯定蕴涵着巨大的风险，但也不会去轻易干预这个时代的新宠儿，因为这无疑会限制互联网金融的发展。央行在《2013年第二季度中国货币政策执行报告》中首次开设专题探讨互联网金融，明确表示互联网金融是现有金融体系的有益补充。该报告还显示了一个重要的信息——交易成本的大幅下降和风险分散提高了金融服务覆盖面，尤其是使小微企业、个体创业者和居民等群体受益。

不管怎样，互联网金融的发展会使资金借贷市场发生显著的差异，从而导致融资环境的巨大变化。如果中小企业能在这时候准确把握融资环境的变化，就可以提高企业的融资管理能力。

互联网金融可以凭借大量软硬、结构化和非结构化数据做到更好的坏账率控制，从而设定更低的贷款门槛。根据《2013年第二季度中国货币政策执行报告》显示，截至2013年6月底，阿里小贷投入的贷款总额已超过了1000亿元，客户超过32万户，户均贷款额度为4万元。此外，梦工场这类金融超市平台网站对于中小企业的融资门槛就更低，在法律允许范围内，他们能直接促成买卖双方成交，而自身只是起到提供平台的作用，从中收取一定的手续费。

在互联网金融时代，中小企业面对这个新的契机，一定要意识到融资的必要性。在这个新环境下，企业融资的渠道不再只是银行，而是更加多元化，包括 P2P 网贷、众筹、第三方支付等。每一个产品，每一项服务，每一个公司，每一个项目都可以作为融资的工具。资金的出口不再仅仅依靠银行、彩票、股票、债券、期票等。相对于以前来说，中小企业的融资环境有了一个巨大的改变，迎来了属于它们的春天。

产品运营对比资本运营

根据现今主流的宏观经济学观点，资本可以划分为物质资本、人力资本、自然资源和技术知识。这些东西，一旦集中起来，就能形成一个洼地，吸引财富流向它。

在中国，很多企业家都是采用产品运营的方式来做企业。产品运营具体来说指的是什么呢？它指的是企业通过买材料、买设备、租借土地、建厂房的方式生产出来产品，再把产品销售出去，获得的利润再用来扩大再生产，这样一种运营策略的重点在于关注产品，产品是其维持经营乃至发展扩张中最重要的一环。这种方式虽然在一定程度上能使企业获得利润、扩大规模，但其发展速度远远慢于国外的一些企业。我们不禁要问：“为什么会产生如此巨大的差异？”

其实，最主要的原因还是国内外企业家运营企业的策略不同。当国内的企业家一心盯在产品上做资产运营时，国外的企业家已经开始在做资本运营了。他们通过资本的运营将资金聚集在一起，再以收购、合并的方式来获得其他公司的资产，或者是直接兼并整个公司。这种方式的扩张起到的效果是惊人的。产品运营是做加法，资本运营是做乘法；产品运营是“爬楼梯”，资本运营则是“坐电梯”。

在国内市场，许多企业的总裁认为，目前国内的政策和经济环境不适合做资本运营，也不是一般的中小企业所能做到的。正是有了这种想法，让许多中小企业主连想都不敢想自己有朝一日能借助资本的力量来发展自己。当互联网金融时代踏进他们企业大门的时候，他们才意识到，自己原先的想法真是大错特错。在国家大力推动银行商业化的背景下，国内已经出现了资本市场，而且其市场化的程度正逐渐加深，这样一个资本市场必将是全民的资本市场，中小企业为何不能尝试着进行资本运营?

在股权分置以前，中国的资本市场主要是为了国有企业解困而存在的，带有浓重的行政色彩和计划经济特征。现在，中国的资本市场已经实现了市场化，是为所有企业服务的融资渠道，而且还是一个国际化的资本市场，融资的渠道更广了。

说到这里，可能会有一些读者想问：资本运营和资产运营的区别在哪里？ 举例来说，如果当年火车发明之后，铁路公司采用资产运营的方式，靠自己不断积累的剩余利润来扩大再生产发展铁路的话，那么在将近 200 年后的今天，全球铁路的规模可能还不到现在的 1%。我们现在看到的全球铁路网络是资产运营和资本运营共同作用的结果。很显然，资本运营极大地加速了铁路的发展。所以，对于一些有一定规模和巨大前景的中小企业来说，借助资本的力量就能以超常规的速度发展。

通过这个例子，我们明白了资产运营和资本运营的区别。一个形象的比喻就是，资产运营相当于爬楼梯，而资本运营像坐电梯。比如，两个人要去20层办公，一个一层一层地爬上去，另外一个直接坐电梯上去，你说哪个快？当然是电梯！这也给我们一个启示，一定要借助资本的力量，当你把资本集中在一起之后，很多资源自然而然地就会朝你倾斜，你直接把它们买过来就可以了。

企业的竞争我定义为三个层面：

第一，技术层面的竞争。当你的技术领先同行业或者说你有某项技术专利，那你就能保持一段时间的竞争优势。就拿飞机发动机来说，中国虽然自行研制出许多世界领先的军机，但是发动机仍是从俄罗斯进口，中国的航天发动机技术与美俄相差了几十年。这就是技术专利的竞争优势。当然，对于一些技术含量不高的产品，你有技术可能只有几个月，甚至更短时间的优势，因为在珠三角的许多地方，山寨技术已经达到了一个水平，他们通过拆装模仿，一段时间之后就能生产出和你的产品一模一样的东西。

第二，市场层面的竞争。通过这个层面的竞争，可以让你获得空间，就像清朝初期，八旗子弟入关后骑马以圈定土地的归属对象一样。如果你占领了整个广东、整个华南的市场，你就具有了相当大的竞争优势。甚至可以说，有市场优于有技术。为什么这么说呢？因为如果你有市场就能通过该区域客户的需求来引导你的产品，简言之，客户需要什么你就生产什么，以便满足他们。虽然你没有技术，但你知道客户的需求，就可以找一个有技术的人来帮你生产出产品，那么就能得到相当大的竞争优势。

第三，资本层面的竞争。我一直认为，有资本的人才是最厉害的，他完全可以站在技术层面和市场层面竞争之上，直接参与第三种模式的竞争。对于这个层面的人，没有技术你可以买技术，没有市场你可以买市场。比如，红杉资本中国基金创始及执行合伙人沈南鹏，他身后的头衔数不胜数：亚洲风险投资杂志2010年风险投资家、CCTV2006年度中国十大经济人物、2010年十大华人经济领袖……他是携程旅行网的联合创始人及董事、如家连锁酒店的联合创始人及联席董事长、分众传媒及易居中国的董事，这四家都是上市公司，而他还很年轻，只有47岁，他用的就是资本运营的策略。如果按照正常的资产运营方式，恐怕我们一辈子也做不到这样的成绩。

通过以上叙述，我想说的是财富永远流向资本密集的地方。在互联网金融的背景下，中小企业们要走出以前的观念局限，在这个市场化的资本市场，学会使用资本运营策略来经营公司，这样才能实现公司的迅速发展。

资本运营案例

说到沈南鹏，这里就借他的携程网来分析一下资本运营的优越性，让读者对资本运营以及融资有一个更加全面的认识。

20世纪90年代中后期，在风投领域有所成就的沈南鹏很意外地遇到了自己的朋友梁建章和季琦，他们找他去开互联网公司。当时正处于互联网公司的黄金时期，沈南鹏没有半点犹豫就答应了。后来，他们又拉上了上海大陆饭店的交大校友范敏，四个人共同组建了一个团队，打算开办一家互联网公司。

在他们几个人的不断探讨中，最终决定开办一家旅游网站，能够将酒店、机票甚至是公园的门票统统数字化。一开始他们发现网站开发出来后效果很不好，客户体验太差。后来他们找到在上海一个专门帮别人做网站的公司，这家公司的业务量非常大，口碑也很好，一年能拿到一千个网站的单。沈南鹏直接跟该公司的人说："你们可以全部来我们公司做网站，不用再去接别人的单子，而且我给你们的收入比你们原来做一千家网站的收入还要高，还能拥有我公司的股份，我们公司 3 ～ 5 年就会上市。"

当他开出这么一番很有诱惑性的条件后，这家公司很快就被他收购了。收购之后，携程网的技术人员全部到位，新设计的网站在界面、平面设计和前台都做得非常棒，用户体验一直很好。这个时候他们发现了运作市场领域的竞争对手——现代运通商务旅游服务公司当时同携程网做的是一模一样的业务，并且市场份额已经是他们的四倍。沈南鹏知道之后，他就在想："我们怎么样才能成为行业的老大呢？"后来他想到了资本运营的策略，利用他的风投关系，找了一个风险投资，2000 年直接就把现代运通并购了。

"携程网兼并现代运通"案至今仍被认为是中国资产兼并史上最辉煌、最经典的案例之一。这个案例也告诉我们，在当今社会，大鱼吃小鱼的逻辑已经过时了，现在是一个快鱼吃慢鱼、坐电梯的企业吃爬楼梯的企业的时代。携程网靠的就是资本运营和融资的速度。

携程网并购了现代运通之后，成为了行业名副其实的龙头老大。当他拿着客户资料去美国融资时，很快就融到了大笔资金。美国的投资者主要看中了他的客户数量，比如，一个会员能融到 100 美元，如果携程网有 100 万名会员就能融到 1 亿美元。靠着这样的资本运作，携程网 2003 年 12 月 9 日在美国纳斯达克成功上市。

通过携程网的发展经历，我们可以看出资本运营对企业发展的重大作用，一开始他们的技术不达标，客户不满意，就直接收购了一家专业做网站的公司，这样就获得了技术优势；后来，又利用风险投资，并购了现代运通商务旅游服务公司，获得了更大的市场，取得了一定的市场优势。在他的资本运营策略下，携程网利用资本很快获得了技术和市场的优势。

我们再看看格林柯尔集团是怎样进行资本运营的，其是全球第三大无氟制冷剂供应商，处于制冷行业的上游。这家公司从2002年开始，先后收购了包括科龙、美菱等冰箱巨头在内的五家企业及生产线。通过这一系列的并购活动，格林柯尔已经拥有900万台冰箱的产能，居全球第二，亚洲第一，成为一家足跨欧、美、亚三大陆，拥有十几家大型分公司的跨国企业。格林柯尔之所以能够取得如此大的成就，靠的就是资本运营，它收购了五家企业和生产线，直接得到了市场和技术，最终成为一家有国际影响力的大企业。

此外，化妆品垂直电商聚美优品于2014年4月12日向美国证券交易委员会（SEC）提交了首次公开募股（IPO）申请书。现在已经成功上市，是继当当网、麦考林、唯品会、兰亭集势之后，第五家在美国上市的电子商务公司。

聚美优品创立于2010年3月，由靠著名天使投资人徐小平的18万美元天使投资起家，第二年便接受了红杉资本、险峰华兴等多家风投机构约合1200万美元的投资，其中徐小平追加20万美元。之前在中国网络化妆品零售市场，乐蜂网是聚美优品的竞争对手。2014年2月14日，品牌特卖网站唯品会宣布收购乐蜂网75%的股权，至此两家公司的斗争告一段落。

了解资本运作的人都知道，唯品会、乐蜂网和聚美优品的投资方都有红杉资本的影子，为此业内人士猜测，这样一次收购背后很有可能就是红杉资本在背后牵线搭桥，这就体现了红杉资本的资本运作能力非同一般。

当然，天使投资人徐小平在当初追加投资20万美元后，占股8.8%，一旦上市成功，聚美优品的股价最高可达30亿美元，这也意味着，他在四年前投资的38万美元在资本运营之后能得到600多倍，约合2.3亿美元的回报，也就是228万元在四年之后变成了13.8亿元！

所以说，掌握了资本运营模式，你就拥有了一切。

资本运营猜想

当我们了解资本运营这个概念之后，不妨设想一下：如果你会资本运营，那么你就能利用资本的力量来运营一家甚至是好几家的企业，哪怕你暂时没有技术，没有市场，都是没有问题的。

有些民间资本运营高手在切磋交流的时候，总会提到经过他们的操作，推出了多少个只有资本的公司。这样的公司通常会被业外人称为“皮包公司”，这个说法是带有一定贬义的，从字面上看是只有皮包的公司，在很多人眼里皮包公司什么都不是。所以，我们一般用一个中性的词“壳公司”来指称，它就是一个装载其他资源的壳。

壳公司基本上只做一件事，就是购买和整合。当它发现市场上的一些公司有技术，它就会用资本把技术或者整个公司都买回来；当它看到哪个公司有产品，它也可以买下来……按照这样的逻辑，项目、市场甚至是客户资源都可以买过来。当这个壳公司容纳了项目、技术、市场、产品和客户资源之后，就可以进行整合，这样一个公司就能够快速运营并发展起来。

当你能成功运营一个壳公司时，证明你已经是一个优秀的资本市场运营人了。而当我们把视角放得更长远，就会发现身边时刻都会有资本运营的影子。比如在美国的硅谷，北京的中关村，以及 IT（信息技术）工作者经常去参加的互联网大会，那里的人们都在兴致勃勃地谈论着资本运营的相关内容。

近些年来，我的主要兴趣一直在互联网领域，经常会去参加一些互联网大会。以前每次去会上无非是听一些已经成为互联网巨头的大佬们在讲台上说一些传奇的创业故事和创业经验，台下的听众也从一开始的兴致勃勃听到乏困，效果非常不好。但最近几年，互联网大会就比以前热闹多了，它已变成了融资大会，而原先那些分享创业经验的互联网大佬们摇身一变成为了天使投资人，他们来这儿主要是为了风投，考察项目和产品。

当然，那些天使投资人当年也是靠着风投才融到资金的。比如，奇虎 360 公司的老总周鸿祎就是一个资本运营的高手。他之前做了一个 3721 的网站，拥有了大量的用户后，于 2003 年以 1.2 亿美元的高价卖给了雅虎，而在两年后阿里巴巴又收购了雅虎在中国的全部资产，同时得到雅虎 10 亿美元的投资，阿里巴巴还获得雅虎品牌在中国的无限期使用权。就这样，阿里巴巴得到了进一步扩张的多样资源。说得个人一点，中国雅虎直接卖给了马云，马云作为一个优秀的操盘手，做的就是一个资本运营，实现了企业的并购。

电视剧《小李飞刀》里面有个百晓生，他编了一个《兵器谱》来排名江湖上威力最大的兵器，而在企业经营的江湖中，资本运营一定是排在威力排行榜首位的。如果一个公司光有技术、产品或市场的优势，那么它在市场化的竞争中也会输给有资本优势的公司。周鸿祎和马云肯定早就明白这一点，所以他们喜欢投资，然后到处通过参加互联网大会来找项目。通过他们的考察，有巨大市场前景的企业就会被他们收入囊中。金山的董事长雷军，也有很好的投资眼光，先后投资了凡客、UC 浏览器、多玩游戏、YY、小米等几十家企业，在这其中，最成功的要属小米公司了。下面我们就详细分析一下小米手机的商业模式。

雷军原先跟着求伯君一起做金山公司，从 22 岁进入金山工作，直到 2007 年雷军辞去了金山首席执行官职务，离开了金山，这一年他已经 38 岁。之后，雷军到处考察，看看有什么能做，因为这时候他手头有一笔非常可观的资本。后来他投的小米手机取得了最辉煌的成功，而小米手机完全是采用“互联网 + 经营”的方式进行资本运营的。

还记得是 2011 年 8 月 16 日，雷军第一次发布了小米手机。当时正是苹果手机的全球风靡以及安卓手机异军突起之时，这让刚刚开始起步的雷军不得不采用非传统的运作方式来打开局面，以应对苹果和安卓大军来袭。这时候，看清形势的雷军采用资本运作的方式来运营小米手机。带着这样一个出发点，雷军在产品与渠道上，通过“高配低价、猛炒作 + 饥饿营销”的方式，成功探索出了一条小米特色的道路。

在小米刚踏上这条道路之初，业界传来了不少质疑之声：单品利润率如此之低怎么有利润？系统是仿安卓的，配件是台湾厂的，企业靠什么击败竞争对手？这些疑问在今天小米成功上市后都被一一揭开。

雷军是以颠覆者的逻辑，抓住了这个市场上最核心的竞争优势——资本，并靠着这个源头活水，在没有一个销售员，没有一个门店的情况下，用两三年的时间，将一个公司的营业额做到了几百亿。

通过资本运营，可以用资本来吸引其他的资源，企业家就可以跳开产品、技术和市场等层面的限制，站在一个更高的角度来经营公司。这样的话，离成功就会越来越近。

浅谈股权融资与债权融资

原先不管我们是做投资理财还是做电子商务，总感觉自己精力和能力有限，无法做到帮助更多人，只能够帮助有条件的人、可以实现的人，而其他没有条件的人，哪怕是办贷款和信用卡，仅凭自身的能力也很难办到。在面对各自的困境之后，我和曾总、侯总合作，利用互联网和金融邦平台进行整合。

这样一来，我们就可以集中金融邦平台的资源来做一件事情，或者将其他资源整合在一起去帮助更多的人。在这些过程中，我们还免费帮客户传播金融知识，教他们怎样去进行资本的运营，再将他们整合在我们的平台里面，作为互联网金融资源的一个交换。比如，甲会员有产品，乙会员有资金，这样甲会员就可以通过互联网这个平台向乙会员融资。

融资的方式主要有两种：股权融资和债权融资。

股权融资属于直接融资，表示用公司的股权来交换投资方的资金。我们现在只是一个互联网的平台，还没有上市，但是仍然可以获得“未来股权”，就是我通过信用能让别人提前把资金拿到我这里来交换股权，这就比传统公司有了融资的优势，也是我们公司发展的一个新型趋势。

市场经济条件下，没有免费的午餐，资金、技术、人才等各个方面的东西都需要交换。当你看到别人开着跑车从你身边经过时，你也想上车，但是对不起，你必须拿出车票才能上车，这里的车票就是公司的股权。

而债权融资有一个特点就是寅吃卯粮，今天挪用了明天的粮，后天再还明天的债。这是一种间接融资的模式，相当于你没有钱，但可以向别人去借，并且向对方承诺，每个月付多少的利息，到时候付给他利息就可以了。相比股权融资，债权融资有一个优势就是你使用了别人的钱，但是不会因此而受制于对方，对方并没有获得你公司的权益，不能干涉公司的经营。

大多数情况下，如果投资方只提供资金而没有其他特殊资源，如技术、设备等，那么债权融资比股权融资更有利于需要融资的一方。不过债权融资的结果是每个月必须还约定的利息，到时还要偿还本金，这就增加了企业的经营风险，其融资杠杆加大了企业的资产负债率，给企业的生产经营增加了不少压力。若是企业经营失败，企业家将承担全部责任，而股权融资的话，损失将由众股东一同承担，抗风险能力优于债权融资。

通过了解债权融资和股权融资的区别和联系之后，读者朋友可能会想到，在互联网金融时代，究竟该采取什么样的方式才能更加有利于公司的发展？我的观点是通过股权融资的方式筹集公司经营与发展的资金，即便你现在的公司才刚刚创建或者还未上市。在这里，可以参考我的金融邦控股集团和世纪华夏商会，它们在业界积累了相当多的信用，有许多投资者愿意把资金和其他特殊资源放到我这两个平台上来，而我就可以给他们一部分公司的“未来股权”，并承诺在未来的某一个时点上市之后，这部分“未来股权”将转化为一定比例的新股。

为什么我建议互联网金融的创业者要这样去做呢？因为这一领域属于近几年才发展起来的新兴行业，除了百度、腾讯、阿里巴巴等互联网公司和网络电商，以及传统金融机构转型，剩下的就是些小公司了。现在互联网金融的创业环境非常好，但是个人和小团队在这场创业大潮上很难发展壮大。因此，在创办公司和启动项目之前，不如多学学资本运作和投融资的相关知识，这无异于给创业扁舟加上了一个强劲的马达，使其能在这片蓝海不惧风浪，走得更远。

如何向客户融资

既然资本有这么大的作用，中小企业就必须要学会资本运作，这样就能融到更多资金，加速企业的发展。

很多企业家仅仅把自己的公司定位成一个提供产品和项目的公司，把产品仅仅当成产品本身来卖，其实这就是一种产品运作，在当今互联网金融时代，其存在的局限性越来越大。我认为，所有的产品或项目都不单纯是产品或项目，而是要把格局打开，把它们当作一种融资的媒介。当然，这种观念很多人还不理解，因为一直以来他们都认为多数企业是靠卖产品才发展起来的，而不会产生我这种观点。

为了能融到更多的资本，企业可以把自身的产品、服务或项目转化成会员卡的形式。比如，假设你是一个美容院的老板，原来的模式可能就是顾客来美容，你提供了服务之后收钱实现成交，现在你可以推荐他们办理年卡，本来一次消费至少100元，现在年卡的价格是5000元，而且凭借年卡可以打九折，还能享受到各种优惠。当你说动顾客买了年卡之后，你就从客户那里融到了一笔资金，相当于你现在就能拿到未来的钱。

所以，一般的企业家在考察公司时，多会考察这个公司的项目和产品，问产品有多少销量，多少利润；而高明的企业家会问，这个项目或产品能不能带来现金流；更高端的企业家则问，这个试赢利能达到多少。这其实跟我提到的企业三个层面的竞争有很大的关联，你问技术层面那是最低端的，而你问产品的销量和利润是停留在市场层面，也不是竞争优势最大的资本层面。

比如，有一家企业，只需要存一万元到它公司的账户上，就可以成为它的会员，每个月可以免费享受到有机大米。这时候这个大米已经不是产品了，而是融资的一种媒介。如果这家企业有一万个会员，每人交一万元会员费，那就有了一亿元的资金，这个米就相当于利息。所以说，会员卡制度可以让企业巧妙地从客户那里融资。

我创办的金融邦就是专注于帮助企业实现产业投资专业化、产品价值最大化、客户价值最大化的资源平台。金融邦就是采用融资媒介的理念来运营的，我们有很多讲解投融资知识的培训课，而且部分课程是免费的。

在国内培训界，几乎所有人做培训都是要收费的，而且费用很高，而我只需要让学员交会员费，成为会员就可以免费听课。而且这个会员费是大家一起开会的会务费用。但是有这么多会员之后，我就相当于有了一笔巨额的现金流，这无疑会增加我们金融邦在银行的授信，凭着授信，我们能运作更多的资金，甚至买一个壳，在香港上市。

下面来看运营商预存话费送手机的案例："0元购手机，存话费送手机"已经不是什么新鲜的口号了，早在几年前就被国内三大运营商用了一次又一次。以中国移动为例，在售价方面，移动版iPhone合约机和联通、电信版的价格基本相同，iPhone 5s合约机的16G、32G和64G版的价格（含预付话费）分别为5488元、6288元和7088元；而iPhone 5c合约机的16G和32G版的价格分别为4688元和5488元。

针对月消费需求不同的用户，中国移动为每款手机设置了6～8款不同的合约方案，预存话费1200～7088元不等，预存话费会抵消一部分手机价格并按月返还到用户的话费里。以16G的iPhone 5s为例，客户可以承诺月消费88元并预存话费1200元，在两年的合约期内每月得到50元的返还话费，这样就可以以4288元的价格购买到这部手机，比苹果官网的价格便宜1000元。客户月承诺消费越高，预存话费越多，就可以拿到越低的购机价，当承诺月消费达到558元以上，预存话费5488元的时候就可以免费得到16G的iPhone 5s一部。

在这样一次表面看上去是促销的活动中，运营商其实不仅仅是在促销，而是将客户当成手机的销售对象，也不仅仅是为了从产品上赚到钱，而是把客户当成融资对象。通过这样一次全国范围内的活动，中国移动能在短时间内获得一大笔预存话费资金。这样，它就可以拿着这笔资金去进行资本运营，投资更多产品或项目。在这次活动中，手机不再被称为一个产品，因为它可以免费获得，只是一个融资的媒介而已。

如何向代理商融资

市场经济即信用经济，信用经济就离不开对于信用的管理。前面提到通过积累一定的信用向客户融资，现在就说说如何向代理商融资。

金融邦的上千名会员分别来自各行各业，有卖珠宝的，有卖保健品的，有做健身的，有做化妆品的，也有做培训的，这些资源经过平台的整合，就成为一个统一的产品平台。当有需求的代理商找到我们时，只需要缴纳一笔资金就能成为代理商，他也可以马上获得等价的实物，或者在未来的某一个时点得到返还。那么，他们的利益驱动点到底在哪里呢?

我在整合金融邦平台资源的时候，将所有会员的产品和服务内容作了一个统计分类，然后再一并打包成金融邦的统一标识，一旦有人交了代理费，成为代理商，他就不仅仅是一个单一产品的代理商，而是整个平台所有产品的代理商，这样他的选择余地和渠道就拓宽了。

有了资本，就有了一切。

一直以来，我都在思考商业的本质到底是什么。对于代理商来说，他们拿到货源的最理想渠道是直接从工厂拿到一手货源；对于消费者来说，他们希望以最便宜的价格获得产品，而不是在商品流通的环节中被层层剥削，以一个非常高的价格买到产品。我做金融邦还有一个目的，就是让代理商和消费者都能从中有所收获。

当一个平台汇集了很多资源，而每一个代理商在加入金融邦后立刻就会成为这个平台上所有产品的代理。这种做法其实从另一个侧面也减轻了代理商的风险。当他发现原先的一种产品不好卖了之后，他可以马上转卖别的东西，而不需要再交一笔代理费。

第八章 赢在人脉，马上成功

一个人能否成功，不在于你会什么，而在于你认识谁。所有的资本都掌握在人手上，融资即融人。

与其同马赛跑，不如骑在马上，也就意味着马上成功……很多人一生都在树敌，而只有极少数人会有马骑。

人脉的分类

从资本角度考虑，在世纪华夏商会这个平台上，我们拥有的会员越多，就能够聚集到更多的人脉，平台资金也就更为充足。在商会的管理中，我的想法是要舍得，只有前期不加回报地投入才能吸引到更多的人脉。鉴于这一经营理念，世纪华夏商会专门为会员提供了免费的培训课程，专门为会员讲解投融资以及微信营销等相关知识。

人脉其实也是反映个人信用的一个基本指标。同样一件产品，它们的质量和价格基础差不多，其中一件产品的商家是你的好朋友，另一件产品的商家你完全不认识，这时候你会买哪一个商家的产品？很显然，你会买自己好朋友的产品。为什么呢？因为你跟他很熟，你信任他。

从商家的角度来看，他结交了你这个朋友，拥有了你这个人脉，也就为产品的销售打开了一条新渠道。甚至他的产品不如另一家，只要影响不大，你也会倾向于买他家的产品，这就是人脉的威力。因此，人脉对公司的发展起到很大的助推作用，必须重视起来。只有不断地付出，才会有长期的回报。在互联网金融时代，经营好了人脉就能像复利率一样，通过不断地积累和投入自己的人脉资源，产生更好的效果。

投融资过程中，资本是关键，财富向资本密集的地方流动，拥有了人脉就能直接聚集财富。如今加入世纪华夏商会的人越来越多，属于我们商会的人脉关系网也越来越大，辐射范围早已超出了广西、广东两省，几乎直达全国每一个省市，并在国外也有了相当多的人脉资源。从我个人角度来看，世纪华夏商会这个大的圈子里拥有的会员越多，我们能掌握的身后资源就越多。

在这个互联网金融时代，一个人手里的金钱数量并不能衡量他能创造的价值。比如，我现在身价上亿，但并不意味着我有上亿资产的所有权，而是指我的平台能为我提供上亿的资源。当我把这个观点再扩展下去，那么，会员的钱都是我的钱，而我的钱也是会员的钱，我拥有的资源也是会员的资源，会员的资源也是我的资源。所有的会员与我的资金加在一起肯定超过一亿元，从侧面来说，就相当于我们每一个人都拥有了上亿身家。因此，商会拥有的人越多，大家的钱就越多，这也是我在这一领域研究出来的“新众筹模式”——聚人脉，得资金。

通过上述介绍，不难看出人脉对于互联网金融时代创业者们来说也是非常重要的。世纪华夏商会目前拥有许多人脉，汇集了大量资源，他们并不是被逼进商会的，也不是我利诱入会的，而是在我们的培训课程中，觉得这里有他们想要的东西，于是就主动要求入会。我把人脉比喻成女孩子，如果你想让她做你女朋友，光去追是行不通的。现在许多女孩子你越撒开了腿去追她，她就会跑得越远，你跑八步，她跑十步，总和你有一个若即若离的距离，你怎么追也追不上。所以我的观点是你不需要去追，你可以先去弄清楚她关注和需求的东西，再利用这些东西把她给吸引过来。人脉也是这个道理，不是你去追它，而是去吸引。

关于人脉，主要可以分为两类：资源型人脉和技术型人脉。

1. 资源型人脉

资源型人脉可能暂时对你创业的项目提供不了什么实质性的帮助，但是他们身后拥有的资源多、人脉广，可以帮助你获得许多上游供应商和下游客户，这对你的创业是很有帮助的。资源型人脉属于我们所说的“高人”，假如你现在需要拥有这些资源型人脉，必须做好顶层设计。你现在若是一个公司的老板，目前正在做一件产品，那么在项目运行之初，你最好是寻找到一些资源型人脉，也就是在行业内有声望和影响力的人，或者是能够影响到产品的生产和销售的人。这部分人一旦为你所用，你的项目启动和销售起来就会更加顺利。

成功的案例数不胜数，被称为“中国首善”的陈光标是黄埔再生资源利用有限公司董事长。众所周知，再生资源利用会涉及拆迁工程，这是一项需要经常与政府部门打交道的经营项目。于是陈光标就通过捐款来奉献社会，在国家和政府部门心中塑造一个慈善家的形象，而环保拆迁出来的东西又可以得到二次利用，有利于政府构建节约型社会。如此一来，政府部门也非常支持这样的高新技术企业的发展。当有这样的工程时，政府部门会优先考虑陈光标的企业，于是政府部门就成为了陈光标的“资源型人脉”。试想，一家企业如果得到政府的信任和扶持，那么它的发展速度无异于坐火箭！所以，在互联网金融时代，拥有资源型人脉就拥有了信用，而信用密集之后就能产生财富。

把握资源型人脉的关键是把顶层结构设计好。

资源型人脉还可以细分为政府资源、银行资源以及媒体资源等。当我的会员主动去争取这样的人脉或者本身就是这一类型的人时，那我的商会平台就做起来了，而且会做得很好。陈光标的例子说的是政府资源，而媒体资源包括电视台、报社、出版社以及新浪、搜狐等网络媒体；银行资源很可能就是从事银行工作几十年，现在退居二线的老领导，或是银行资深顾问等。当你拥有了这些资源，就会获得更多的资金优势、广告宣传优势和竞标优势等。

2. 技术型人脉

这里的“技术”是一个广义的概念，除了单纯的技术，还包括公司或项目的管理、市场、销售等方面的内容。

单纯从技术层面来说，不管我们是否身处互联网金融时代，是正在创业还是已经成为了一家公司的总裁，不一定非要自身具备专业性较强的技术性知识，但最起码我们需要专业技术人员的帮助，拥有技术型人脉在很多时候能成为决定企业前途的关键要素。潘总和侯总就是典型的技术型人才，他们一个有互联网技术，一个有金融运作的深厚功底，还拥有多年运营公司及带领团队的能力，都是比较全面的技术型人才。

法国雪铁龙公司现在是欧洲第二大汽车制造公司，它的创始人名叫安德烈·雪铁龙。该公司之所以能创造这样的财富，一方面与创始人个人的能力和有效的管理制度密不可分，另一方面也与创始人重视技术型人脉有关。

安德烈·雪铁龙有一个朋友是学机械的，在安德烈·雪铁龙刚开始创业的时候，只要遇到技术上的问题，他就会亲自去询问他的朋友，同时他还聘请了许多技术人员。随着公司的发展壮大，公司早期的技术人员的能力也在不断增强，他非常看重对技术人员的培养，这些技术人员中的绝大部分都逐渐成为了难能可贵的技术型人脉。鉴于这一点，安德烈·雪铁龙提出：“一定要将自己的发明申请专利，一定要将自己的产品成功推销出去。”在这里他卖的不只是汽车，还有技术。

在世纪华夏商会这个大的圈子里，不仅拥有着侯总这样的技术型管理者，还有许多技术型的会员或是会员拥有多种技术型资源。通过圈子里的整合，技术人脉就都能为我所用，为大家所用。毕竟，一个企业对于技术型人才的需求是长期的，尤其是在互联网金融时代，拥有技术资源的人才能在最短时间内做出有发展前景的产品，或者为某个金融项目提供良好的技术支持和安全保障。

当然了，技术型人脉的获取和积累都不是一蹴而就的事情，这需要长期的积累和磨合。在我们商会这个大的平台上，通过对会员间的相互了解，就能够找到更多的技术型人脉，这样他们的一些创新性技术或设想，都极有可能为大家带来更多的财富。互联网金融时代以大数据、互联网、云平台等技术为主，技术型人才在这样的背景下显得尤为珍贵。

人脉的重要性

在当前社会，互联网让人与人之间的沟通更具网络化。人脉的重要性也随着网络时代的新特点而改变。很多公司都认为人脉决定了创业项目的成败。

尽管现在很多创业者会考虑到人脉的问题，但他们中的一大部分都在创业项目启动之后没多久就夭折了，好一点的能坚持半年或一年的时间。这些夭折的创业公司有一个共同的特征——没有收入，而造成没有收入的最大原因是没有客户群。现在创业成功的企业，大多都是在之前就积累了相当数量的基础客户群体和优势资源，它们的产品或服务是在有需求的前提下推出的。前面在资本运营中提到，拥有了资本之后，可以买来技术、买来市场、买来项目，最终生产出适合市场需求的产品，而现在拥有了人脉就可以聚集资本，人脉才是关键中的关键。

现在互联网金融企业很火热，但并不是你看着别人赚钱，然后自己跟着做就能成功的。当然也不排除这样的人存在。最重要的是，在创业项目启动之前积累好足够的人脉基础，否则必定会失败。

人的社会性特征决定了他只能在自己所处的群体和社会中获得成功，学会与别人相处，在社会交往中获取更多的人脉，才能在这个竞争激烈的社会中取得成功。世纪华夏商会主要就是为了聚集人脉，因为我信奉一点：人脉就是钱脉！人脉资源可以称为一种看不见的无形资产，它并不是直接的财富，而是一个聚集财富的工具。

也就是说，在这个互联网金融时代，拥有的人脉资源越丰富，赚钱的渠道就会越广阔；人脉资源层次越高，财富就会来得越快、越多。开创事业的三大影响因素是人、技术和资金，其中人是最关键的一个因素。资金可以通过银行贷款来获取，而技术完全能与其他公司合作开发或是直接购买，但人是三者的核心。每一个创业者都希望能与各种资源型的人脉牵上关系，以扩大自己的人脉资源，这样做起事情来也就越来越方便。

我创建世纪华夏商会和金融邦的时候，不是想着自己能从中赚多少钱，获取多少经验，更为重要的是我能从中认识多少人，结识多少朋友，积累多少人脉资源。拥有了人脉资源就相当于拥有了一笔宝贵的财富。对于我的会员来说，他们从平台上获得的人脉资源能让他们不用愁资金、技术和市场的问题，只需要通过相互间的整合，就能马上获得实实在在的利益。

在美国好莱坞有一句非常流行的话："一个人能否取得成功，不在于你知道什么，而在于你认识谁。"通过这样一句话，我们就能明白很多时候成功不一定是依靠个人的专业知识，人脉才是一块通往财富和成功的敲门砖。

比如，在西方国家的鸡尾酒会或者婚宴场合，许多西方人在赴宴之前，都会提早到达现场。为什么一向以准时为准则的西方人非要提前去呢？这是因为他们非常重视能认识更多陌生人的机会。与之形成巨大反差的是，在华人社会里，绝大多数人都害怕参与这样的场合，他们会找各种理由推托，实在没办法了才会在酒会和活动开始之后进场做做样子。聊天的时候也是找认识的人交谈，甚至熟人之间会约好坐在一桌，以免同陌生的人沟通。这可以说是中国人的普遍心态，这也直接导致了许多人失去了获得人脉的机会。

对这样的现状进行了分析，我最后决定成立世纪华夏商会来弥补国人在建立人脉方面的欠缺。在我们这个平台上，即使你不主动去寻求人脉，我们也会把整合好的资源提供给你，为你所用。俗语有言："一人成木，二人成林，三人成森林。"一个再优秀的人，其力量也是有限的，而一个平台拥有数以万计的优秀资源，一旦被统一整合和利用起来，定能成为一股强大的力量。

互联网时代强调信息的沟通和传播的迅捷，让在这一行业摸爬滚打的商界人士开始深深意识到人脉资源对于事业发展的重要性。早在许多年前，美国成功学大师卡耐基就说过："专业知识在一个人成功中的作用只占15%，而其余的85%则取决于人际关系。"所以说，在互联网金融领域创业，人脉必是其中不可或缺的一环。

“Mankeep”是现在很流行的一个词汇，根据发音“脉客”翻译为“人脉经营”，指的就是善于使用人脉和经营人脉的一类人。斯坦福研究中心曾经发表过一份调查报告称，一个人赚的钱，12.5% 来自知识，87.5% 来自人脉。在当今时代，每一个互联网创业的人都需要注意经营自己的人脉，只有这样，才能在这个竞争激烈的新兴市场蓬勃发展。

如何聚集人脉

人脉的建立在于帮助他人成功，这里有一个公式：

你愿意分享的程度 × 给予别人的帮助＝会回馈到你身上的帮助

就资源型人脉来说，我们需要了解他们关注什么东西，以便投其所好，找寻到共同的兴趣。比如“中国首善”陈光标，他有钱但不看重钱，如果有一个项目你需要他帮忙，即使给他钱，他也不会帮，钱对于他来说并没有很大的吸引力，也并不是他的兴趣所在。这个时候该怎样去争取呢？就是用我前面说的，了解他关注和需求的东西，同他谈一些愿景。你要描绘一个符合他想法的愿景，带着一起改变世界的积极态度去找他，才有可能与他结交。前段时间，中日钓鱼岛危机之际，陈光标做了一个大的决定，他想要去美国收购《华盛顿邮报》，未果后又想要去收购《纽约时报》。从他的这一系列举动，我们可以了解到他的原始动力在于控制西方媒体言论，让它们都能正确地评判中国，这就是他的思想——爱国。同时，陈光标还高调做慈善，让有钱的人都跟着他去做，同时他也大力宣传慈善，起到一个榜样的作用。

了解了这么多之后，如果你要吸引陈光标来跟你合作，就一定要告诉他，你们要一起做一件改变世界的事情，而不是傻乎乎地说，你跟我一起做一件事，事成之后可以赚多少钱。

因此，要想吸引顶层的高端人脉，你必须要做一些事情，能够让他看到改变世界的愿景，这是极其重要的。为此，我也创办了一个高端人脉集群——世纪华夏商会。

世纪华夏商会

世纪华夏商会是由秦仁杰发起、百名国内外资深金融专家组建而成，专注培养投融资实操教练，为企业及个人会员提供全方面的投融资知识、资源、资金整合的平台。我们已经协助 88 家企业成功上市，我们的使命是使“中国制造”走向“中国资造”，让中国成为全世界的“金融中心”。我们的平台目前汇集了 100 多家银行、近 200 家风投、300 名天使投资人，已成为全国顶尖的投融资人脉圈，中国唯一致力于整合“知识、资源、资金”的国际性商会。成功，不在于你能做多少事，而在于你能借多少人的力去做多少事！借别人的力，借工具的力，借平台的力，世纪华夏商会金融服务平台便是你杠杆的着力点，帮你撬动整个世界！世纪华夏商会以实操为主，20% 的时间用来学习理论，80% 的时间用来实操实践，通过导入体验式游戏、故事讲解和真实案例，让学员易学、易懂、易操作，也因此吸引了大量志同道合并对金融、对资本感兴趣的金融专家。

随着市场经济发展的成熟化，商人们会越发意识到资源整合、资本融合的必要性。世纪华夏商会能够提供：

1. 全国的人脉网络

做生意，首先得有人脉，得有关系。人脉就是最大的财富。平台目前汇集了100多家银行、近200家风投、300名天使投资人，已成为全国顶尖的投融资人脉圈。商会等于为你打开一扇门，让你走向广阔的资本市场，融入商业联盟的行列。这应是你组建人脉网络的一大捷径。

2. 即时的信息渠道

当今是信息社会，做生意需要及时掌握政策信息、投资信息、银行信息、项目信息、产销信息等。而商会作为一个商人的团体组织，它所拥有的平台，使之成为沟通渠道和信息的会聚地，其信息量远比个别商家多得多。参加商会不仅可以获得商会提供的商业信息，还可以从政府部门、企业家和乡亲间获取有用的金融信息，可以使你的知识更丰富、眼界更开阔、思路更开阔。

3. 快速的推广营销

随着智能手机的普及，微信、微博的使用也越来越广泛，微营销顺理成章地成为各个行业争相进入互联网营销的首选渠道，商会为帮助企业打开微信营销的大门，抢占移动互联网高地，能够帮助企业提升战略品牌、拓展营销渠道、实现更好的赢利，取得花钱少、收效大的宣传效果。

4. 信誉的互助平台

一个人不管多么成功，也都会有求人的时候；一个企业不管运营多么顺当，也会遇到突发事件无法排解的难题。加入商会，你就拥有了诉求平台，可以借助商会已建立起来的各种关系、渠道和商会内其他企业界人士拥有的公共关系资源帮你协调，甚至解决你在经商过程中遇到的各种困难，如资金、销售渠道的困难等。

世纪华夏商会正努力打造一个创新型平台，在投资者、融资者和金融机构之间搭建多方沟通、互动、合作的桥梁。世纪华夏商会的核心理念是：整合“知识＋资源＋资金”的大平台，并借用金融的杠杆，不断地让一个个企业、品牌、项目真实落地、做强、做大。只要进入世纪华夏商会系统的学员，都会经历“教—练—带—传授”四个阶段的走队，世纪华夏商会系统不仅仅教授学员融资、经营、投资、企业商业模式升级改造等，更重要的是打造了一个一生一世可以延续下去的企业资本的生态圈子，并立体地帮企业家打造产业体系，让他们实现真正的“时间自由、财富自由、心理自由”。

对于技术型人脉的获取也有一番学问。当我们通过资源型人脉设计好了顶层架构，如股东结构，接下来就要设计公司内部的组织架构，这其中包括销售、管理、市场以及产品研发等部门的人才，只有聚集齐了这些人才资源，公司才能正常运作。我理解的技术型人脉是一个广义的概念，包括销售、管理、技术等多方面的人才。

其实，最好的人才基本上都不是招聘来的，而是从别的公司找过来的。为什么呢？因为最好的人才都有一个不错的工作，只有找不到工作的人才会到处找工作，当然也存在个例。 这是由于那些顶尖的技术型人才现在的年薪都很高，你要把他们吸引过来，就必须许以最好的条件、最高的工资、最好的待遇。

在这个互联网金融的新时代，我们也完全可以用金融的思维来进行操作，可以直接收购别的公司的技术团队。比如要做一个网站，可以像当年携程网的沈南鹏一样，通过收购做网站的公司来获得需要的技术型人脉资源。

此外，还有一种方式也能让这些资源为你所用。你可以同其他公司的顶尖技术员谈判，如果之前别的公司给他开 100 万元的年薪，你可以给他开年薪50万元，但前提是他不需要每天都到你公司上班，每个月来5天就可以了。当你开出这样的条件后，他会在心里算一笔账：在原来的公司一个月上25天班，年薪100万元，而在你公司每个月只要上5天班，就可以获得50万元。这样一比较，他就会觉得你开出的条件太有诱惑性了。这样的话，他很有可能会被你说动，来你的公司上班。而且这样优秀的人才，他可能在原先的公司担任管理类的职位，一旦他来你公司上班，很容易就会发现你公司存在的问题。

当然，你不要觉得每个月来5天，年薪50万元太高了，他在之前很可能有其他人为他投入以及他自己投入了很多，才有了现在的能力，你把他请过来，不光把他过去的资本，就连现在的资本甚至是未来的资本都用上了，这样还不划算吗？通过这种方法，我们可以把一个公司管理类、销售类、技术类的技术型人才都吸引过来。

总之，要想获得技术型的人脉，就一定要满足他们的现实利益，开更好的条件，给最高的工资、最好的待遇，在我们世纪华夏商会还会用金融的杠杆帮他们配房、配车，让他们安心上班、安心工作。

世纪华夏商会2015年求贤令

再好的剧本也需要主角来演绎，

给自己一次机会，从今天起，你就是主角！

保你1年内有车、有房、有公司！

一份和老板一样主控的职位；

一个符合勇者创业天性的角色；

一份免费周游国内外的事业；

每月能买多部 iPhone6 的薪水；

一个能领导千百勇士展现才华的机会！

等你来！

1. 申请加入我们的要求

爱笑：谁都不喜欢板着脸的人。

爱说话：乐于与人交流，性格开朗。

勇敢：做事果敢、雷厉风行、有效率。

爱学习：爱学习的人赶得上时代！

加入我们团队，收获的不仅仅是钱，更多的是能力的提升以及可以结交到超一流的人脉，为你将来的发展打下一个坚实的基础！我们具备有效的系统，只要你有决心成功，并且有强大的执行力，每天愿意努力工作！我们每周都会对团队进行销售、沟通、管理、团队、执行力、领导、管理等能力的培训，确保员工在我们公司一年，收入翻倍，能力提升 10 倍以上！我们每天都在进步，公司成立多年来，不断有员工突破极限、挑战高薪，刷新了月入 2 万元、5 万元、10 万元……的纪录。我们看重能力，不看重学历；我们看重经验，不看重专业；我们喜欢努力上进的人，不喜欢空谈的人。只要你年满 18 周岁，只要你渴望实现梦想，只要你愿意为你的生命负责，那么我们真诚地邀请你加入我们的团队！

2015 年让我们拥有新的历程，我们需要打造一个直属公司，超过 500 人的超强战斗力团队，让我们一起踏上世纪华夏商会的战舰，扬帆航行！

2. 我们的福利

良好的培训机制、完整的系统支持确保你能在公司的培养下从菜鸟变为高手；每年至少 1 次国内外旅游的机会，扩大视野；优秀员工父母每月可获得养老金，分享你的荣耀；优秀员工还可分享年终20%的公司利润，成为世纪华夏的股东！

让我们一起创造奇迹、实现梦想！

3. 世纪华夏的愿景

成为亚洲互联网金融平台行业第一！

4. 世纪华夏的价值观

诚信（金融）、分享（互联网）。

5. 世纪华夏的使命

让“中国制造”走向“中国资造”，让中国成为全世界的“金融心脏”。

6. 世纪华夏的目标

至2015年培养10000名有房、有车、有美娇娘的金融导师！

至2016年培养5000名有豪宅、有豪车、有美娇娘、有千万级公司的企业家！

至2017年培养2000名有豪宅、有豪车、有土地、有美娇娘、有亿万级别公司的企业家！

至2018年培养1000名有豪宅、有豪车、有土地、有美娇娘、有10亿级别公司的资本家，并捐建800个“仁杰”财商学院！使全球8000万人学会如何投资理财！

在这里有一点是需要注意的，现在不管是专家学者，还是市井小民，都在谈论“资源整合”这一概念。在我看来，这个“整合”让人看着不太人性化，存在一种被动接受的痛苦，谁都不愿意贴上“被整”的标签。于是我变“整合”为“融合”。融合是一个非常快乐的事情，如两人在一起吃烛光晚餐，是一件让人舒服、兴奋的事情。

在今后，我们要避谈整合，整合的范围很狭隘，涉及的仅是个人利益，不能因为他是你需要的资源，就要把他整过来，我们要做的是用融合的方式来实现对方想要的东西，满足他的需求，然后再来考虑自己的需求，这样人脉就能被你吸引过来，而不是赶鸭子上架，威逼利诱而来。所以，优秀的人才，我们不能用 1 年，就用 1 个月，不能用 1 个月，就用 1 周，不能用 1 周，就用 1 天。只要有这样的胸怀，就会发现天下之才都能为你所用。

第九章　投资大脑，稳赚不赔

互联网金融是一个新的概念，关于它的定义以及模式都在不断发展变化中，这时候你需要不断学习，并谋取别人创新的、有见地的智慧，才能跟得上互联网金融不断发展的脚步。

这个世界上，只有一种投资是稳赚不赔的，那就是投资自己的大脑。

做一个谋智者

这是一座标准的古罗马时期内庭式与围柱式院相结合的三层别墅，用希腊的白色大理石装饰的券柱式庭院，显得格外优雅，庭院中央有一个小型的青铜雕塑喷水池，晶莹的水滴溅落在周围的玫瑰花上，花瓣在阳光下闪耀着迷人的光泽，整个庭院里弥漫着一种浪漫的气息。

别墅带有客厅、书房、娱乐室和多间不同格局的套房，整体设计独具匠心，布局很是考究，房子、门窗、围栏都依仰天籁，浑然成景，令人感到和谐、舒心，别具一番诗情画意，让人几乎忘了这美丽的建筑其实是坐落于喧嚣的都市当中。

它的别致、可心、格调都合乎主人的品位。在设计者的直觉里，只有这种设计才能深刻、准确表达主人对生活认真的态度与知性、感性的本质，让静定的空间从此平添无限人文魅力。

庭院里走进来一位年轻的帅哥，浓密的眉毛叛逆地稍稍向上扬起，长而微卷的睫毛下，有一双像朝露一样清澈的眼睛，英挺的鼻梁，像玫瑰花瓣一样粉嫩的嘴唇，还有白皙的皮肤……此人正是亚洲最年轻的演说家曾仕涵，我正在书房看他给我寄过来的一本书《一切皆有可能——从穷小子到亚洲最年轻的演说家》。我看见他本人，又翻看了一下这本书的封面，说道："我感觉你本人比封面要帅，呵呵，不过你现在留胡子了，看起来比封面上的成熟了。"

曾仕涵："现在老了，总感觉时间不够用。"

听了他的这句话，我实在难堪："你一个'90后'都敢称老，那我们岂不是老鬼了。"

曾仕涵有点不好意思："秦总谦虚了，你其实也不老啊，正值当年嘛！言归正传，让我们来谈谈'中国梦——与名师有约'大型论坛的事情吧。"

我首先谈了谈我在互联网金融时代的创业模式："众筹+谋智"。其中，"众筹"的内容包括筹集信用、融资以及聚人脉，而"谋智"则属于借鉴智慧。

互联网金融是一个新的概念，关于它的定义以及模式都在不断的发展变化中，这时候你需要不断学习，并谋取别人创新的、有见地的智慧，才能跟得上互联网金融不断发展的脚步。

从互联网到移动互联网，从P2P网贷到众筹融资，我们一直都在学习和借鉴的过程中风雨兼程，从未停下脚步。因为对于这样一个新兴的行业，第一批吃螃蟹的人才有更大的机会获得成功，甚至是改变时代的发展进程。

一个人的能力和智慧是有限的，创建公司的时候，我融到了齐总和侯总这两个优秀人才，我们一同谋智，寻找互联网金融时代下的特色创业之路，现在我们成功了一部分，不光能通过平台筹集到信用和资金，还能融到大量的人脉，这些资源对于这个时代的发展不可或缺。更重要的是，当平台建立起来后，我们不再是三个人扎堆，而是几百个人、上千个人共同做一个项目，探讨一种新的模式。

不管在什么时代，要创业赚钱就必须先投资自己的头脑，再用大脑去赚钱，而不是靠着自己头破血流才积累下来的经验来经营一家企业。试问，你的身体状况能经受住多少次头破血流？你又有多少等待的时间呢？这也不是一个拥有互联网思维的人的做法！

小米科技的创始人雷军将互联网思维总结为七字诀——“专注、极致、口碑、快”，我觉得很有道理，当一个人经历头破血流之后再回过头来学习时，他就失去了一个“快”，也就会落后于好多竞争对手。一个人如果手上有一笔资金，但他没有拿这笔钱来投资大脑，反而盲目地投资实体，那么最后他失败的概率会很大。

比如，在互联网大会上，我错失了许多学习的机会。如果我当时能虚心一点，说不定就能和他们拉近关系，做一次深入交流，得到他们更多的指点，说不定我现在早就跟他们一样上市了。所以说借智慧就是要借成功人的模式。一个成功的企业家可以给你两种有益的东西：一种是成功的经验，另一种是失败的教训。当你了解了他们的经验和教训之后，你就不需要再花费时间精力走弯路，我个人就走过这样的弯路，所以我也知道这个弯路不好走。

现在我做互联网金融，也深深体会到这条路单靠互联网一条腿走不了，现在的互联网大会都做成了融资大会，这就意味着互联网加上金融才符合当前时代的发展趋势。以前我们就忽略了这一点，只知道互联网是未来的发展趋势，但却不会资本运营，没有学会用金融杠杆。

所以我只能有一点小成功，而不能获得大成功。如果当时有哪位企业家给我点拨，对我说方向错了，那我很有可能就能少走一些弯路。

曾仕涵表示同意地点点头说道："正所谓'读万卷书不如行万里路，行万里路不如阅人无数，阅人无数不如高手指路'。跟着高人一起上路，才能顺风顺水，公司也能迅速发展壮大。毕竟，高手对你的有益点拨，都是他们花了十几年甚至更多年领悟得来的，你现在只需要花十几分钟接受他们的点拨，再花个半天、一天就能学习领悟到，这简直就是天上掉馅饼！所以我们也要感恩，能给你点拨的人都是你的恩师。"

我轻抚了一下额前的头发，赞同地说道："你说得很对，现在是一个互联网的时代，互联网是一个信息爆炸的时代，我们获取信息越来越容易，谋智的渠道和机会也越来越多，如果有成功人士的指点就不需要我们浪费大量的时间和精力去摸索。毕竟，经营一家公司，比尔·盖茨比你更有经验；投资股票，分析股市发展，巴菲特比你更有经验。你要做的事情就是合理地谋取他们的智慧。世界上大多数知识和智慧都在别人那里，你要做的就是把它们都谋取过来，这就是我的理念。"

我吩咐助理给曾仕涵先生上了杯茶，我们聊起了关于他创办"名师荟萃"论坛的话题。

曾仕涵说道："首先，我之所以能够取得今天的成就，一切皆来自我持续大量的学习。希望更多的年轻人在自己年轻时，一定要不惜一切代价去学习，学习成功者的方法和经验。在我从事教育培训行业这些年当中见过太多的创业者，他们赚了点钱就买房子、买车子，却不愿意投资自己的大脑，导致后来一败涂地。我希望做一个汇集全中国名师的大讲堂，让那些在路上的朋友少走弯路。如果说成功一定有方法的话，那么失败一定有原因。如果你有 30 种成功的方法，但是你有 2 种失败的习惯和原因，请问你会成功还是不会成功？答案是：不会成功。因为每当你用成功方法往前走三步，你失败的习惯又向后退两步，每当你用成功的方法往前走四步，你失败的习惯又让你往后退一步，会成功还是不会成功？一定不会。所以我认为研究成功的最好方法是研究一个人为什么失败，然后把这个失败的原因摒除掉，再学习成功的方法，这样才会容易成功。华人首富李嘉诚曾经接受一本杂志的访问，被问到在他经营公司57年来做过数十种行业，经营的区域多达几十个国家，有没有亏损过，李嘉诚先生说57年来他的公司没有亏过钱，他的个人资产也在持续上升。后来记者问他如何做到，李嘉诚先生说，他90%的时间在研究失败后该怎么处理。一般的企业家总是想找成功的方法，而李嘉诚是先把失败的原因全部研究一遍。当他研究这个步骤的时候，他已经立于不败——连续57年只赚不亏，他的思维模式跟我们一定不一样。最后我经过研究发现'学习不够'是所有人失败最重要、最关键的因素，不是你不行，是你不会，你为什么不会，因为你学习不够。"

听着眼前这个年轻人的话，我不由心生敬佩之情，一个"90后"能够有这么深刻的感悟，实属难得。

曾仕涵接着又提到"向谁学"，他说："我认为'向谁学'比'学习'重要十万倍，我们都知道学习，但我们不知道什么叫'向谁学'，教练的级别在一定程度上会决定学员的表现，比如刘翔的教练一定是一位世界跨栏的顶级教练；乔丹的教练也一定是一位NBA（美国国家蓝球协会）非常顶级的教练。如果教你的是普通人，你得到的结果也就很普通。所以不是你不行，不是你不会，是你压根不知道'向谁学'的重要性！我在25岁的时候，我一直研究福布斯排行榜的企业家为什么能够快速成功，究竟是怎样创造奇迹的，我发现他们很重视'向谁学'，向任何人学习，基本上我们要问自己四个问题：

（1）教你的这个人到底成不成功？

（2）教你的这个人到底有多年轻或者他成功的速度有多快？

（3）教你的这个人在行业当中排第几名？

（4）教你的这个人帮助过多少人成功？

你跟什么样的人接触，你会发现自己像变色龙一样，不知不觉当中就变成什么样的人，如果我们能够找到顶级的人，行业的第一名来教我们，那我们成功的概率就很高。”

我点点头，表示认同：“怪不得你想要把全中国最优秀的老师汇集在一起，就是想让大家能在同一个地方、同一个时间接受顶级的咨询与训练。如果这个事情办成，那当真是功德无量。从金融的角度来说，只有一种投资是稳赚不赔的，那就是投资我们的大脑。”

互联网大会的启示

一年一度的中国互联网大会由国务院工信部主办，是每一个互联网从业人员心中的顶级盛会。其举办宗旨是在国内树立品牌网站的地位，促进国内外互联网业内人士的交流，加强研究者和实践者之间的沟通，促进中国互联网站的进步和发展，加速中国互联网与国际的接轨。

我以前在互联网上做电子商务，经常跟互联网打交道，为了融进互联网和电子商务这个圈子，我每年都会参加互联网大会。一开始，我对互联网大会的目的和意义还不了解。以为这个大会无非就是一群成功的人在台上慷慨陈词，吹吹牛皮，台下的观众只负责听听，做做样子，所以，起初互联网大会对我来说并没有什么吸引力。

还记得有一年参加互联网大会的时候，我遇到了现在早已家喻户晓的58同城、优酷网、土豆网的老总们，他们的公司那时也还没上市，穿着也比较土气，经常和我们分在一个小组进行讨论。虽然我们是整个广西壮族自治区的互联网代表，但是在大老板们眼里我们这些来自小地方的公司根本就没什么发展前途。我和北京互联网老总们聊天的时候，他们曾对我们提出过建议，认为我们不如跟他们学习，把公司开在北京、上海和深圳这些大城市。

当时我年轻气盛，眼里容不得半粒沙子，把他们对我们的指点当成是看不起我们。还记得当时讨论的时候，我就对他们说："你们要是牛的话，请问你们每年能赚多少钱？有本事以后再也不要吃我们广西出产的维C银翘片！"当然，这些都是互联网圈子中人的调侃，真正让我改变对互联网大会的印象以及认清自己缺点的是接下来的一次互联网大会。

第二年互联网大会，我又同这些知名公司的老总激烈地讨论起当时公司的发展现状。当时我以为自己很了不起，就向他们说："我公司赚了500万元，你们的公司今年有多少赢利？"结果那些老总开始一个个"诉苦"起来："我们公司今年已经亏了5000万元，我们公司今年已经使用了高达3000万元的资金……"

当时我还没学习和掌握资本运营的相关知识，有点纳闷他们这些互联网公司一直在亏钱，为什么还说得理直气壮。我们在讲卖了多少产品的时候，他们却在谈论花了多少钱，跟我们的思路完全不一样。为此我还和他们激烈争论这个问题。当时他们都是一副"你不懂"的姿态，继续在谈论着怎么花钱的话题。当我接触了资本运营的概念后才恍然大悟：原来我们在公司的经营上还欠缺很多很多，他们学会用金融的杠杆为自己带来大量的资金，而我们还停留在利用互联网这个工具，一直在靠卖产品赚钱。

这种经营理念上的差距直接导致我原来的商业包装公司做不下去了，而那些原先我们嘲笑的公司却成功了。原来我们只会做产品，其他什么也不会，殊不知，一旦大环境改变，原先做的产品一下子就没有了市场。而且，我们那样的公司，仅在广西就有好几百家，根本就没有什么竞争优势。若是我们早早就知道资本运营的话，很有可能我们会早早知道系统性风险和竞争风险，及时调整战略，并通过资金引进新的项目和技术人才，这样也能获得成功。这个失败的教训就是因为我们以前不够谦虚，学习不够造成的。

曾仕涵说：“我听说中国互联网大会是国务院工信部搞的，每年都有很多大佬参加，你们确实应该在会上好好学习才对啊。”

我嘿嘿地笑道：“每个人都有年少轻狂的时候，年轻人容易走弯路，像曾总你这样的确实比较少。俗话说：‘塞翁失马，焉知非福。’当我们错过了互联网创业的有利发展机遇时，我们在参加互联网大会的过程中开始反思过去的失误，并学习新的知识，了解到资本运营等许多金融方面的理论，极大地拓宽了个人的眼界。在这之后的每一年互联网大会，我都会精心准备，在大会上打足精神，好好学习。我发现，前几年那些互联网大佬主要在上面讲一些创业的经验，但是最近的几年互联网大会变成了一个融资大会，那些大佬不再说过去创业的经验，而是摇身一变，成了一个个天使投资人，专门借互联网大会这个平台找好的项目。这也说明了，资本运作是现代商业中必不可少的一环。”

曾仕涵接过话茬：“那秦总这几年参加中国互联网大会都学到了什么？能不能说出来分享一下？”

2013 年互联网大会上，谈得最多的五个字就是“互联网金融”，许多银行、投资公司、互联网公司和新兴移动支付公司都纷纷参与进相关话题的讨论中。看到这种趋势，我也意识到互联网金融在最近几年内必将成为这个时代发展的主流。

互联网平台为王

很多人在商业运作中都存在着一个误区：他们把一件好的产品或是一个很有发展前景的项目当作是单纯的商品来卖，以此来获取一定的利润回报。在我看来，所有的产品和项目都可以把它们当作是一个融资的媒介。

当一个项目是融资的媒介时，你要做的就是确保这个项目能不能对你的潜在投资人产生吸引力。我觉得这个项目必须具备三个条件：第一，有金融杠杆在撬；第二，它是运用互联网来经营；第三，它能做成一个平台。通过金融杠杆可以放大投资的效果，而互联网企业的一个最大特色就是“快”，当我们在互联网平台这个迅捷的载体上使用金融杠杆，就一定能在短时间内获得极高收益的可能性，而这往往能得到风险投资人的关注。

雷军的小米手机用的就是互联网营销的概念。它没有一个门店，没有一个专门卖手机的销售员，却在短短两年之内做到了百亿规模，这在原先是想也不敢想的事，如今却成为了现实。互联网的一大优势是它可以突破时间和空间的限制，将它需要的资源整合在一起。平台化是所有大公司经营的一个趋势，比如万达集团的王健林就利用了平台的概念，他在许多大城市建万达广场，相当于搞了一个平台化的商圈，每一个万达广场就相当于一个平台。

此外，国美商城、京东商城等电子商务平台也是利用互联网的方法，做成了一个线上、线下相结合的B2C平台。通过这样的启示，我们现在做互联网金融，也可以采用类似的方式搭建一个互联网与线下相结合的平台。线下可以发展一批实体店，店面可以做贷款、融资、股权交易，甚至是资源交换，而网上就做网上银行与网上证券交易所相结合的形式，为更多的人提供投融资和金融理财服务。

在这个互联网金融时代，平台的力量是惊人的。比如国内的搜索引擎百度、国外的搜索引擎谷歌，它们其实就是一个知识平台的概念。百度这个平台可能只有一些数据流量，但其首席执行官在2011年和2012年连续两年被评为中国大陆的首富，而万达的首席执行官王健林尽管在全国各地有许多商业地产，却在这两年失掉了大陆首富的宝座。这是为什么？

因为现在是知识经济时代，百度这个互联网平台里面融合了许多知识和智慧，用户只需要搜索就能了解到全世界各个区域、各个方面的事情，它属于一个知识的平台。马云的淘宝网也是采用平台模式，就是让许多商家都把产品放到网站上去卖，需要产品的人在浏览网站的时候，看到需要的产品就能够达成交易，这是一个买卖平台。我们现在也要集中力量，争取把自己的平台做成一个金融的平台，一个融资的平台，一个资金交易的平台。

当然，如果你只是具备其中某一方面的优势，而缺乏对于构建平台的热情，那么你可能不适合自己创业，最好是加入别人的团队，在别人的带领下共同创造一个大的平台。比如麦当劳、肯德基这样的连锁模式，你可能自己没有技术做出那种受人欢迎的鸡翅和汉堡包，但是你可以加入它们，成为它们的加盟店代理商。肯德基、麦当劳这样的连锁快餐店早已经形成了平台，你成为了平台的一分子，自然而然也就能收获成功。

当你的公司满足了上述条件，就很有可能做成世界级的公司。从广义上说，微软的操作系统就是一个运行在互联网上的平台，苹果公司的应用程序商店也是一个平台，它们都是通过平台来获取大量的利润。

因此，世界级的公司全部都在做平台，如果你现在做的项目与平台无关，那么你需要赶紧做一个这样的平台；如果你现在的公司还没有用上互联网，那么你需要赶紧用互联网；如果你完全不会利用金融杠杆和资金运作，没有前期资金，公司肯定发展不起来。记住，停止错误的战略就是最好的战略。在这个互联网金融时代，要想成就一个好项目，金融杠杆、互联网、平台缺一不可。

一个日行万里的平台

在互联网金融创业过程中，我创办了梦工场这一网购平台。不过，它在我看来属于创新性的金融产品网购平台，因为我把它定位成一个金融超市的概念。

目前，这家网站还只有电脑端，未来我们也打算利用微信支付等移动支付工具，开发出自己的移动端。这样，用户就可以轻轻松松在手机上进行交易操作。比如，有客户手头有一笔闲散资金，他可以去网站上查看相关的标，了解需要多少资金，招标人愿意拿出多少股份，或者每个月支付多少利息等具体信息，一旦满足自己的条件，而且有招标信息上的资金，就可以投标。如果个人资金不够，也可以拿出一部分，同其他人共同投标，最后一起来完成这个投标项目。你也可以把你的产品或服务通过我们的金融超市平台转换成一种彩票、期票或者股票等其他金融属性的金融产品来销售。也就是把普通的产品或服务的性质改变成一种金融产品来销售，从而放大了产品或服务本身的价值。当然，你也可以把你的公司或者项目打包，同样可以转换成金融产品来销售，这种模式可以说是全球首创的商业模式。

互联网金融的关键在于创新，如果你只是按照常见的六种模式生搬硬套进行创业，肯定做不长久。虽然目前这个领域的准入门槛还相当低，但是它毕竟处在市场经济的环境下，不可避免地要进行竞争。这些竞争对手有传统金融机构扶持的网贷公司，比如陆金所，它是中国平安保险股份有限公司旗下成员，注册资金达 8.37 亿元，汇集了一大批金融管理和电子商务等业界一流的国际专业人士，实力雄厚，绝非一般的网贷平台所能抗衡，在这种情况下，创新就显得尤为重要了。

就目前的政策走向来看，国家还是非常支持互联网金融这一块的，但是当它发展到一定阶段，不再作为一个新模式时，国家相关部门肯定会规范这一行业的监管。所以现在的阶段正是这类公司发展的黄金期。因为我们做的时间还算比较靠前，如果在短期内做到一定程度就可以大吃小，甚至能参与行业规则制定，通过先入为主的优势抬高这一领域的准入门槛。这样一来，后面的一些跟风者和搅局者就很难再进来。

当然，我们做这样一家网站也是为了推广互联网金融。互联网金融创新一定是颠覆的，目前银行等传统的金融机构在转型，也是为了迎合时代的发展需求，但这并不是互联网金融的全部。金融业利用互联网技术的转型并没有互联网改变金融模式来得彻底。当马云在说“如果银行不改变，我们就改变银行”时，我们已经有了“如果金融业不互联网化，那么我们就把互联网金融化”的愿景。

为了宣传互联网金融的知识，我通过世纪华夏商会这一个平台，向会员开设金融课程，把我掌握的金融智慧都传递出去。一只蚂蚁如何才能做到日行千里？这是有可能的，你要看它在什么平台上，如果它爬到马尾巴上，马带着它跑一整天就能日行千里了。以这样的逻辑，如果这只蚂蚁想要日行万里，那把它放到火箭上就完全可以做到。我立志把我的金融邦和世纪华夏做成像火箭一样的平台，这样就能吸引到更多的互联网金融创业者。

记住，很多时候一个人的成功不一定在于你是一个什么样的人，而在于你处在什么样的平台上。在这个互联网金融时代，选准一个好的平台，日行万里不是梦。

金融电商的未来——超越马云

就网络电商来说，未来的电子商务很有可能不再是淘宝、京东这些巨无霸网络电商的天下，而很有可能是“小而美”的公司占据着电子商务最活跃的那一片舞台。

阿里巴巴的马云认可了这样一种电子商务的发展趋势，他举了一个自己亲身经历的例子：几年前，他去日本，光顾了一家很小的糕点店，这家店只有夫妻俩加一个孩子。不过，这家店可不简单，它有将近 147 年的历史，连日本天皇都买过他们的糕点。回国后，他若有所思，在全球网商大会上发表了对于未来电子商务趋势的判断，他认为未来企业“小而美”是关键，也更加灵活。很快，阿里巴巴内部就决定全面推出“双百万”小企业战略，全力培养一百家年营业额超过一百万元的网店。

的确，在互联网时代，越来越多的创业者找到了成功的机会和舞台，他们利用互联网金融创新带来的机会，不断向前迈进着，他们就是互联网金融革命道路上的先行者。

对于互联网金融这一市场和前景，我还是非常乐观的。因为传统的金融体系并不能完全满足这个时代的发展需求。用马云的话说就是："中国现有的金融体系，是服务了20%的客户，赚了80%的钱，但是毕竟有80%的客户没有被服务到，如何去为他们提供服务，这是金融应该去思考的问题。那我们既然已经在这个领域里面，也许我们本身的经历可以帮助很多企业。"因此，未来互联网金融领域的发展机遇还很多，就看每一个奋斗在该领域的创业者能不能把握了。

愿景是每一个人、每一家企业以及每一个时代所要追求的方向，期望实现的目标。如果说，目前互联网金融的最大愿景是得到国家的进一步肯定，那么对于每一个互联网金融企业来说，他们的愿景很可能就是千差万别、莫衷一是了。

我也有自己的愿景，而且我的愿景随着网络时代的发展而日渐清晰。就目前来看，我创立世纪华夏商会和梦工场金融超市还只是一个开始，但这其中融合了我与合作伙伴在互联网、金融以及营销等相关领域的创新。出乎一部分人意料的是，雄心勃勃的我们并非要建立一个互联网金融帝国，而是要做一个全新的、能够影响这一时代人的生态系统。

一个人活着的最大意义在于他能为社会带来一些积极的改变，为历史车轮的前进奉献出自己的一份力量。当一个互联网金融帝国的大厦坍塌时，我们曾努力构建的互联网金融生态系统仍在生生不息地发挥着它的效用。就像我们现在做网贷、商会，不单单是因为它能带来利润，更重要的是它作为一个生态系统发挥着影响社会的作用。

马云一直是我景仰的企业家，他创立淘宝的时候我正在北京学电子商务，而现在我也创业好几年了，而阿里巴巴正准备去美国上市。不过在这个互联网金融时代，学会了资本运作和积累人脉能够让公司以非常规的速度增长，这也给我们这些新型企业一个做大、做强的愿景。

互联网金融是当下势不可当的大趋势，目前国家对于这种新的模式也会适当扶持。以深圳市为例，目前该市专门开发了一个区叫“前海新区”，该区域被认为是深圳未来的明珠，或者是珠三角甚至是泛珠三角未来的明珠。前海新区设有专门的创新金融区，主要作为互联网金融企业的中心区。深圳市政府在今年发布的一号文件——《深圳市人民政府关于充分发挥市场决定性作用全面深化金融改革创新的若干意见》指出，将会支持设立民营银行，规范发展互联网金融，争取创立互联网银行、互联网金融公司及互联网保险公司，积极利用前海平台，打造国际财富管理中心，以及率先承担利率市场化改革内容，深化深港两地金融合作，等等。据悉，包括腾讯公司在内的互联网公司已经在前海新区这片互联网金融试验田里面注册了六家公司，注册资本达100亿元，而且计划准备投资1000亿元来做金融的改革。

从这些举措和变化可以看出，互联网金融是有很大的发展前景的。许多人觉得自己赚了一笔钱之后，这辈子的生活就有着落了，但这绝不是我的追求，我希望在某些方面能够超越自己的偶像——马云。在这之前，马云一直都是在做一个产品的电商，而我们的目标是要做一个金融的电商。金融比产品更高一级，是凌驾在产品之上的。当我能掌握大量资本时，就能成为这个市场的王者。所以，我现在的平台就是用来做资本运营的。

在这种全新的理念上，我们充满信心，一旦顺利发展壮大，它在未来的发展一定会比马云的阿里巴巴、淘宝网都更有前景，因为他的电商平台需要很多物流公司来帮他发货，而我是金融电商，根本不存在物流障碍。我们的发货很简单，只需要签好协议，资金直接转划过去就能完成交易。也正是通过这样一个愿景，我成功吸引到潘总和侯总，让他们和我一起共同做一件事情——用金融电商来超越马云，改变世界。

这是我们的愿景，我们并非痴人说梦。马云的公司也是靠着愿景发展起来的，当初通过他慷慨激昂的演讲，让包括他妻子在内的 18 个人都拿出了家中的所有积蓄。后来，中国互联网经历了寒冬，马云的公司一度到了借钱发工资的地步。但他靠着资本运营，成功拿到了软银孙正义的 2000 万美元注资，而且日本软银还帮助马云创建淘宝网，可见阿里巴巴也是靠着资本运营的方式得到快速发展的。所以，我们要想成功，就要模仿这条成功的路径，并教会更多的人通过这种方法获得成功。

这就是我们现在的愿景，我们模仿马云成功的方式，并在这个互联网金融时代绽放出新的光芒。只有这样，才能超越马云。

未来：人人都是银行

互联网金融这一概念首次进入政府工作报告是在十二届全国人大二次会议上，国务院总理李克强在《政府工作报告》中表示要促进互联网金融健康发展，完善金融监督协调机制。

被业界称为互联网金融元年的 2013 年，由第三方支付平台支付宝为个人客户打造的互联网理财产品——余额宝，在正式上线后的大半年时间里，其客户规模已经达到了8100万人，资金规模高达5000亿元。在余额宝红遍大江南北之际，其他互联网巨头和传统的银行也纷纷闻风而动，推出了各种“宝宝”类理财产品，希望赶上余额宝的脚步，从互联网金融这块大蛋糕上分上一块。

那么，互联网金融究竟将往何处发展呢？我们可以根据下面两个人的言论来进行合理的预测：其一是2006年诺贝尔和平奖得主、孟加拉乡村银行的总裁尤努斯教授说：“信贷权即人权。”其二是2013年诺贝尔经济学奖获得者罗伯特·希勒曾说：“金融的大众化，将原本仅有华尔街客户享有的金融服务特权，传播给沃尔玛的客户们。”这两位影响世界的人说的内容都是在强调每个人都应该有获得金融服务机会的权利，只有每个人拥有金融服务的机会，才能让每一个人都直接参与到经济的发展中来。

这一概念被称为“普惠金融”，它是一种新型的，能有效、全方位为社会所有阶层和群体服务的金融体系，比现有的金融体系更符合时代的发展要求，也被认为是未来金融的发展方向。

我以“普惠金融”的理念为基础，提出了“在未来，人人都拥有银行、人人都是银行”的基础模式，希望以此来服务社会。无论是什么人，都可以在我的平台上进行借贷款服务。这样一种模式在互联网金融时代的发展潜力是巨大的，根据相关数据统计，目前我国约有4万个乡镇，6.4亿农村人口，以及数量越来越大的城市社区，这些地区和群体蕴涵着约百万亿的金融需求，为互联网金融提供了巨大的发展空间。

就目前来看，梦工场平台的发展方向实际上是一个以私人银行（Private Banking）为核心，并融合了P2P、N2N（个人对个人放款）、众筹等互联网金融服务模式，向企业和个人提供更多特色的金融产品与增值服务的“大金融”平台，以更好地服务客户，满足他们的金融需求。

具体来说，我们可能会先通过类似众筹的方式来宣传我们的梦工场金融超市平台，然后再将吸引过来的投资者资金利用起来，建立一个投融资的关系圈子。我们做的这些事有一定的未来性，遵循的也是一个普惠金融的概念。我们把投资者的每一笔资金都像淘宝那样做一个产品展示，然后由借款需求的人直接在平台上进行申购就可以了。这样一来，每个人或者机构，都能在我的平台上卖它的资金产品，出借给有资金需求的客户。

从目前的发展状况来看，互联网金融的产生和发展，也在另一个角度上打开了普惠金融的市场，让越来越多的小微企业和个人都意识到金融与他们是息息相关的。要想实现“人人都是银行”这一设想，就必须先将普惠金融的理念传递给大众。

在互联网时代，信息能在极短的时间内传递到非常大的一片区域，当越来越多的关于互联网金融和普惠金融的信息传递出去后，通过数量庞大的用户进行口碑传播，让这些理念和思想深入人心，对每一个人都造成强烈的冲击。

传统银行业存在着一个矛盾，那就是其80%的资源只服务于20%的客户，这与普惠金融的发展方向是相悖的，而后者又是互联网金融时代的发展趋势，因此，传统的金融业目前正积极筹划着转型和改革。而互联网去中心化的特点也影响了传统金融的统治地位。当一个金融脱媒时代正式到来时，也意味着一个“人人都是银行”时代的到来。

人人都是银行属于普惠金融的理念，它实现了个人的直接投资。目前小微企业因为银行业的管理政策以及自身的特点，一直以来融资贷款是非常困难的。虽然国家在之前也是鼓励和支持小微企业的发展，但是提供贷款的银行仍是按照老一套来设置高门槛，把这些企业统统拒之门外。现在，互联网金融为这些企业的发展带来了春天。

| 附录一 |

秦仁杰的人生目标

事业篇

1. 让旗下的上市公司成为“行业中最受尊敬的公司”，财务透明公开：2016.10。

2. 2014—2023 年 10 年邀请的超重量级嘉宾名单为：

沃伦·巴菲特、比尔·盖茨、迈克·乔丹、麦当娜、史泰龙、成龙、比尔·克林顿、奥巴马、马云、史玉柱。

3. 跟电视台合办超级创业家大赛，探究如何通过资本的力量使中国成为世界第一强国：2015.12。

4. 捐款 10 亿美元到金融邦慈善基金会，创立仁杰财商学院，协助 8800 万人通过学习投资理财脱离贫穷：2023.10。

5. 一生拍摄 6 部电影，其中 1 部媲美《泰坦尼克号》，在我离开人世后，可以继续影响全世界：2053.12。

6. 60 岁开始，连续 10 年对全球发表 1 次演说，每次收视人口为 2 亿人以上：2041—2069。

7. 2017—2047 年（36 ～ 66 岁）持续 31 年，每年写下 99 个目标。

8. 2014 年起出版《互联网金融——颠覆时代的金融革命》，全球畅销 100 万本：2019.12。

9. 2015 年起出版《你就是下一个奇迹》，全球畅销 300 万本：

2020.2。

10. 2016 年起出版《3 年操盘 100 家上市公司的秘诀》，全球畅销 1000 万本：2026.4。

11. 将《你就是下一个奇迹》一书拍成励志电影，票房超过 2.5 亿元：2018.8。

12. 协助陈浩南超越沃伦·巴菲特，成为史上投资报酬率最高、资金规模最大的投资家，完成 2015—2045 年连续 30 年平均每年复利成长 30% 以上投资报酬率：2045.12。

13. 使深圳达人汇文化产业公司在香港挂牌上市：2016.12。

14. 协助曾仕涵成为亚洲第一超级演说家，在上海创办《亚洲最年轻的演说家》演讲会，人数超过 3000 人：2015.12。

15. 40 岁进入全球福布斯富豪排行榜：2021.12。

16. 62 岁协助超过 1 亿人写下人生 101 目标，并发现天才，拥有明确的人生方向：2035.2。

17. 2010 年全球业绩破 100 亿。

18. 香港金融邦控股集团在纽约（NYSE）挂牌上市：2017.12。

19. 在全世界直接或间接参控股 100 家上市公司：2019.10。

20. 推广金融邦上市总裁班，每班 100 人，1 年开设 6 班，每年建立 600 位中国企业顶尖人脉：2017.12。

21.《总裁金融智慧》DVD24 个月销售突破 50 万套：2015.7 起计算；

22. 让香港商业周刊对我做出极度正面的报道长达 6 页：2015.8。

23. “互联网金融”畅销书系列，翻译成 23 种语言，在全球 100 个国家发行，销量超过 2 亿本：2029.12。

24. 培养 99 位美元亿万上市公司董事局主席：2028.6。

25. 在广州“总裁金融智慧”3 天课程，现场拥有超过 5 个国家并超过 3000 名学员：2015.12。

26. 在华尔街开“总裁金融智慧”进阶课程超过 300 人：2016.12。

27. 会见股神沃伦 · 巴菲特，跟他请教成功的秘诀：2016.9。

28. 金融邦私募股权基金完成 10 亿募资成功：2017 .12。

29. 跟詹姆斯 · 卡梅隆先生合作拍电影，片名：《你就是下一个奇迹》；2018.10。

30. 培育 3 万个亿万富翁：2030.9。

31. 在美国华尔街成立金融邦控股集团总部：2022.8。

32. 吸引 20 位百亿富豪加入金融邦成为全球超级团队：2012.2。

33. 吸引像陈浩南、曾仕涵、齐巍、侯玉斌等级的人 108 人组成天才团队纵横全球：2017.3。

34. 控股 5 家上市公司，建立金融邦超级强大品牌价值 100 亿美元：2029.3。

35. 世纪华夏金融服务公司挂牌上市。

36. 金融邦控股集团挂牌上市。

37. 达人汇文化产业公司挂牌上市。

38. 建立最顶尖 6 人会计师团队：2018.12。

39. 建立最顶尖 6 人律师团队：2019.12。

40. 培养台北、新加坡、北京、广州……中国 1 级城市的分公司负责人。

41. 建立金融邦私董会，规模达到 500 位亿万富翁，每年聚会 2 次：2016.12。

42. 金融邦控股集团培养未来亚洲各领域最顶尖的演说家，替他们打造平台并出版百万畅销书，包括：销售领域、两性关系领域、潜能激发领域、互联网营销领域、谈判领域、领导领域、投资理财领域、商业模式领域、资本运营领域、金融领域、上市并购领域、青少年财商领域、成功女性领域、健康领域、移动互联网领域。

43. 寻找大中国区总经理年薪 100 万起跳：2015.8。

44. 和曾仕涵、陈浩南、齐巍、侯玉斌各出一本书畅销至 2300 年：2033.6。

45. 协助 90 后创业天才曾仕涵出版《如何成为亿万富翁》在亚洲畅销 100 万册：2018.12。

46. 邀请马云、史玉柱同台演说：2016.10。

47. 2021 年秦仁杰上榜福布斯全球富豪排行榜。

48. 受邀到美国华尔街、法国巴黎、英国伦敦、德国法兰克福演讲：2020.2。

49. 受邀到东京、韩国首尔演讲：2021.8。

50. 受邀到澳大利亚、加拿大、新西兰、荷兰、意大利、西班牙、俄罗斯、冰岛、南非、巴西、瑞典、挪威、希腊、埃及、奥地利演说，每一场演说至少 800 人以上：2022.2。

51. 金融邦私募股权基金成功募集达 100 亿美元：2024.12。

52. 邀请比尔·盖茨、巴菲特访问中国，并和他们同台演说：2018.10。

53. 每周阅读金融及资本书籍各 1 本。

54. 参控股 2 家保险公司：2025.2。

55. 拥有洛杉矶海景别墅：2018.8。

56. 协助 99 位业务员每个月平均收入 20 万元：2019.6。

57. 上《时代》（TIME）杂志封面：2019.2。

58. 邀请史蒂芬·斯皮尔伯格到中国演说：2021.10。

59. 在北京、上海开分公司及投资公司：2019.1。

60. 达人汇文化产业公司在纽约证券交易所（NYSE）挂牌上市。

61. 在中国捐建 880 个“仁杰”财商学院：2026。

62. 影响全球 8800 万人学会如何投资理财：2028。

伙伴篇

63. 协助曾仕涵面对 50 万人演说：2014—2024。

64. 跟曾仕涵合出 1 本畅销书：2020。

65. 和曾仕涵、陈浩南互补黄金组合，合作长达 50 年：2014—2064。

66. 帮助曾仕涵成为中国最年轻的超级演说家：2016.6。

67. 让曾仕涵成为我洛杉矶海景别墅的邻居：2018.8。

68. 让曾仕涵跟安东尼·罗宾同台演说：2021.8。

69. 帮助曾仕涵成为亿万富翁：2017.12。

70. 协助齐巍达成为亿万富翁：2017.12。

71. 协助齐巍拥有 50 家商业不动产：2019.4。

72. 协助齐巍环游世界 30 个国家：2018.4。

73. 协助齐巍成为 12 本商业杂志封面人物：2022.4。

74. 协助齐巍出版畅销书销售 50 万册：2016.12。

75. 协助齐巍面对 3000 人发表演说达 100 场以上：2022.8。

76. 让齐巍成为我洛杉矶海景别墅的邻居：2018.8。

77. 让齐巍跟陈安之同台演说：2016.5。

78. 和齐巍、侯玉斌互补黄金组合，合作长达 50 年：2014—2064。

79. 协助侯玉斌达成为亿万富翁：2017.12，并拥有 2 艘游艇退休。

80. 协助侯玉斌开设亿万富翁互联网营销学每人学费 3 万：2016.6。

81. 协助侯玉斌拥有私人直升机可以接我到他的游艇上聊天：2022.4。

82. 协助侯玉斌跟亚布拉罕同台演讲：2017.12。

83. 替侯玉斌跟齐秦成为好朋友并一起过生日 :2018.4。

84. 协助侯玉斌出版一本畅销书，销售 50 万本以上：2017.5。

85. 协助侯玉斌打造他的移动互联网营销团队：2015.6。

86. 让侯玉斌、陈浩南成为我洛杉矶海景别墅的邻居：2018.8（拥有 270 度视野的无敌海景）。

87. 协助陈浩南出版 2 本畅销书 100 万本：2018.5。

88. 协助陈浩南扩大格局 100 倍，成为 2 家上市公司负责人：2019.10。

89. 协助陈浩南开设超级操盘手课程，每一班学员超过 100 位 2015.8。

90. 协助陈浩南将公司开遍 10 个国家，包括中国、马来西亚、新加坡、泰国、韩国、美国、澳大利亚、印度尼西亚、加拿大：2022.6。

91. 永远无条件支持陈浩南超越股神沃伦 · 巴菲特：2014—2038 。

92. 协助陈浩南和巴菲特同台演讲：2019.6。

93. 跟陈浩南合作开一家控股公司，在香港挂牌上市：2019.12。

94. 让沃伦 · 巴菲特公开推荐陈浩南：2020.1。

95.《超越巴菲特》简体版在中国大卖 100 万册：2019.8。

96.《超越巴菲特》简体版在全亚洲（不含中国市场）大卖 200 万册：2020.12。

97. 把我跟曾仕涵、陈浩南的故事拍成电影：2021.12。

98. 协助陈浩南拥有一对双胞胎，成为陈浩南小孩的干爹：2016.6。

99. 协助陈浩南参控股 3 家上市公司：2016.2

100. 协助陈浩南资产破 2 亿元人民币达成财务自由：2017.6。

101. 协助陈浩南面对 50 万人演说：2018.6。

102. 培养 188 名有房有车有美娇娘（“高富帅”）的引路慈善大使：2016。

103. 培养 8800 名有豪宅有豪车有美娇娘（“高富帅”）有千万级别公司的企业家并加入世纪华夏商会：2016。

104. 帮助 88 家民族品牌的企业成功上市：2016。

财务投资篇

105. 年收入突破 1 亿元：2016.2。

106. 年现金流突破 10 亿美元：2020。

107. 在全世界直接或间接参控股 100 家上市公司：2019.10。

108. 在全世界直接或间接参控股 2 家银行：2022.2。

109. 在全世界直接或间接参控股 2 家保险公司：2025.2。

110. 资产突破 100 亿：2023.2。

111. 进入福布斯全球富豪排行榜：2021.2。

112. 在欧洲投资 2 间不动产：2015。

113. 在美国投资 2 间不动产：2016。

114. 在澳大利亚投资 2 间不动产：2017。

115. 在香港投资 2 间不动产：2018。

116. 在广州投资 2 间不动产：2019。

117. 在深圳投资 2 间不动产：2019。

118. 在桂林投资 5 间不动产：2020。

119. 在厦门投资 1 间不动产：2020。

120. 在大连投资 1 间不动产：2020。

121. 在杭州投资 1 间不动产：2021。

122. 在青岛投资 1 间不动产：2021。

123. 在昆明投资 1 间不动产：2021。

124. 在武汉投资 1 间不动产：2021。

125. 在珠海投资 1 间不动产：2021。

126. 在澳门投资 1 间不动产：2022。

127. 在新加坡投资 1 间不动产：2022。

128. 在韩国投资 1 间不动产：2022。

129. 在日本投资 1 间不动产：2022。

假如有朝一日，你完成了这些目标。你不会对自己说“好了，这样已经很好了”，你要告诉自己，你必须成为：

最顶尖的演说家；

最杰出的企业家；

最受欢迎的投资家；

最受尊敬的慈善家；

全球畅销书作者。

不仅如此，你还要用毕生的时间和精力：

帮助更多渴望成功，身处迷茫的年轻人实现人生目标；

帮助更多企业家成为行业领袖，成功挂牌上市；

帮助更多的行业领袖、企业家培养未来接班人，把成功传给下一代；

帮助更多人实现梦想，影响千万人走向成功。

| 附录二 |

秦仁杰经典语录

1. 现在只有两个行业，一个是互联网行业，一个是还没有被互联网颠覆的行业；未来也只有两个行业，一个是互联网金融行业，一个是还没有被互联网金融颠覆的行业。

2. 企业若不互联网化就会落后，企业若不互联网金融化将被革命。

3. 银行若不改变，我们就让银行的线下网点像李宁专卖店一样慢慢消失。

4. 资本融合是最快速轻松达成目标的方法。资本融合可以无中生有、少中变多、弱者变强、小者变大、大者变强、强者持久。

5. 企业做大做强最核心的因素是领导人，成功领导人与失败领导人之间最大的区别是：有没有资本的思维，企业 90% 的资本来自融合别人。

6. 在互联网金融时代，企业未来的三条路：融合别人、做大做强；被人融合、退休养老；淘汰倒闭、遗憾终老。

7. 资本融合四个阶段：初级阶段“1+1=2”；中级阶段“1+1>2”；高级阶段“1+1=11”，顶级阶段“1+1= 王”（商业 + 资本的融合）。

8. 资本融合的关键：不要所有，只为所用；你的 + 我的 = 我们共同可以使用的。

9. 创造资本很难，融合资本很易；创造资本很慢，融合资本很快。所有你缺的，这个世界都有。

10. 所有的资本都掌握在人手里，融合资本就是融合人，融合人就是融合人的价值观。

11. 融合了解是前提，信任是关键，分钱才能长久。分则别人帮你做，不分则你自己做。

12. 多赚就短赚结果是少赚，少赚就长赚结果是多赚。事情做成，少就是多；无就是有，事做不成；多就是零，有就是无。

13. 你未来的财富与成就，取决于两件事：第一，你的时间投在哪里？上班做什么，下班和谁玩？第二，你的金钱投在哪里？

14. 不在乎你认识多少人，认识谁，关键在于他们愿不愿意与你共享资本，愿不愿意跟你形成利益共同体。

15. 关于财富，花掉的、给别人的才是你的；留下的，你只是暂时保管，等到有一天，你愿意或者不愿意都得给别人。

16. 钱只不过是没有信用的时候拿来过桥的工具而已，信用才是你的生命。

17. 营销的本质就是品牌的链接，信用的累积形成品牌。

18. 从产品运营进入资本运营，中间就隔着一层纸，不捅破你永远都想不通。关键点就是过去卖产品，现在卖企业；过去做营业额，现在做市值。

19. 实业投资者是“老公”，金融投资者就是“情人”，情人会与你同居，但不会与你结婚，终有一天会把你转手卖掉，然后拿着卖你的钱去另寻新欢，而广大股民投机者就是“嫖客”。

20. 公司可以当女儿养，打扮得花枝招展去吸引行业老大，一心一意把自己嫁给行业老大，当不了皇帝，就当皇妃，嫁入皇宫，荣华富贵。

21. 公司可以当儿子养，拿风险投资的钱，靠娶老婆发家，你缺什么资本，就娶有什么样的媳妇，把媳妇娶回家就什么都有了。娶她个“三妻六妾”，生他个子孙满堂，然后牵着一群老婆孩子挂牌上市。

22. 公司就好比一个姑娘，要在一个姑娘花样年华的时候把她嫁出去，等到她人老珠黄的时候就没有人娶啦！

23. 在中国，首先诞生的是主板的二级市场，然后才有了地方的产权交易中心和新三板之类的一级半市场。就好比初恋女友一步到位成了妻子，但妻子不能满足需求，才有了填充的角色“小三”。

24. 换合作伙伴如同离婚换妻，不死也得脱层皮。所以合作之前要先谈恋爱，后结婚，最好奉子成婚。最关键是结婚前要把离婚条件谈好。

25. 传统产品经营理念是：有形资产为皮，无形资产为毛，产品的信誉只不过是资产规模创造出来的附属品。而资本经营理念是：无形资产为本，有形资产为标，资产规模只不过是用来赢得产品信誉的道具而已。

26. 有形资产越分越少，无形资产越分越多；有形资产以数量级增长，无形资产以几何级倍数增长；有形资产一代致富，无形资产一夜暴富。

27. 企业家要做专业化战略，资本家要做多元化战略。你可以右手扮演企业家，左手扮演资本家。高手都是用右手抓主业，实行专业化战略；用左手发起基金，实行多元化战略。右手溢出的资金交给左手运营，右手缺钱的时候再向左手融资。

28. 忠诚不是资本的天性，资本的天性是水性杨花，见异思迁。没有流动，就没有安全。

29. 投资者一定要跟群众对着干。当广州人都在骑自行车的时候，砸锅卖铁你也要买辆小汽车，才能跑在群众前面；可是当所有的广州人都开上小汽车的时候，你最好还是买辆自行车吧，这样还可以跑在群众前面。

30. 基金管理公司就是你的杠杆，可以用区区万元，调动亿万元资金。阿基米德说：“给我一个杠杆，我就能撬动地球。”

31. 一个企业被资产撑死了，是这个企业的财务危机；如果千百个企业被资产撑死了，就是世界金融危机，倒闭的企业也几乎都是被撑死的。

32. 技术层面的领先让你赢得时间，市场层面的领先帮你赢得空间，资本层面的领先帮你赢得战略上的绝对主动权。你手里若抓着大把大把的钱，想要什么就买什么，可以为所欲为，资本运作层面的武功是最高段位的武功。

33. 企业有一半是被撑死的。因为它们只学会了投资，没有学会融资。投资是当“爷”，融资要当“孙子”，它们只想当爷不想当孙子，吃了一大堆资产，吞不下去，吐不出来，最后活活被噎死了。

34. 你的融资能力取决于你的投资收益率。

35. 你的公司根本就不用生产产品，你要靠“娶媳妇”（资产）发家，孩子（产品）用不着你亲自生，由媳妇替你生。

36. 做一个公司需要深入，卖一个公司需要浅出，深入和浅出是两种完全不同的本事。

37. 融资有两种模式，一种是股权融资，另一种是债权融资。股权融资是砍腿换车，债权融资是寅吃卯粮；股权融资是用空间换时间，债权融资是用时间换空间。

38. 纵者，合纵天下资本，不论国界、行业，融为一邦，以信用筑平台，以圈子布大局，用资本平天下。

39. 横者，连横四方英才，不论出身、地位，皆为所用，以大志引仁杰、以慈悲度众生、用智慧定乾坤。

40. 纵横者，会天下英豪为融、定万里山河为合、纳千丈云天为秦、包举天下仁杰、开创千秋伟业。

|后记|

我的未来不是梦

曾几何时，我就发现自己是一个自以为是的人，所以要用行动来证明自己；

曾几何时，我就发现自己是一个死不低头的人，所以没完成定下的目标誓不罢休；

曾几何时，我就发现自己是一个呼朋唤友的人，所以每件好事都愿意与朋友分享；

曾几何时，我就发现自己是一个自命不凡的人，所以逼迫自己死前一定要做出点什么；

曾几何时，我就发现自己是一个喜欢表现的人，所以抛掉一切诱惑追求舞台的感觉；

曾几何时，我就发现自己是一个小错不断的人，所以告诉自己要不断学习改善自己。

而后，你：

慢慢发现自己是年过30岁的人，所以告诉自己要继续努力不断拼搏；

慢慢发现这3年来，自己才是自己最大的敌人；

慢慢发现这3年来，自己的思想决定了自己的结果；

慢慢发现这3年来，自己都会被自己所做的一切感动得流泪；

慢慢发现这3年来，自己都会被自己身上的精神感动得流泪；

慢慢发现这3年来，自己都会被自己的执着坚忍感动得流泪；

慢慢发现这3年来，自己都会被自己的义无反顾感动得流泪。

因此，你知道：

在不被理解的时候坚持，一般人不容易做到；

在被讥讽的时候坚持，一般人不容易做到；

在被反对的时候坚持，一般人不容易做到；

在逆境的时候坚持，一般人不容易做到；

坚持不住，再咬牙坚持一段时间，一般人不容易做到；

坚持、坚持、坚持、再坚持，坚持到底！

突然，你会发现：

你成了那个领域的顶尖人物！

你成为了奇迹！

你成为了传奇！

你成为了品牌！

你成为了全心全意、全力以赴的人！

30多年了，你是从一个来自农村、没有背景、没有资源的穷小子，做到今天这样的成绩，你已经很好了。但是，你还不够好！

秦仁杰

2015年1月

| 致谢 |

秦仁杰的感恩

感谢我的父母，是你们给了我生命和无私的爱；

感谢我的老师，是你们给了我知识和看世界的眼睛；

感谢我的亲朋好友，是你们给了我友谊和支持；

感谢我周围所有的人，是你们给了我与你们交流沟通时的快乐。

我之所以有今天的成绩，离不开这一路上支持和帮助过我的人。每当我遇到困难和挫折的时候，我都会想起出现在我生命中的每一位贵人。我知道自己不比任何人聪明，也不比任何人有天赋，但是，我始终都在心里对自己说："你的条件不如别人，但是你努力拼搏、坚持到底的态度绝对不能输给任何人。你绝对不能辜负了那些支持你、帮助过你的贵人们。你一定要努力！"

从创立世纪华夏开始到香港金融邦控股集团成立，时至今日，令我感悟最深的是：只要肯学习，只要不放弃，我们总能找到成功之道。而且，还会吸引更多愿意支持我们、帮助我们的贵人。

因此，今天借此书出版之机，我要感谢出现在我生命当中的每一位贵人，如果没有你们，就不会有今天的秦仁杰。

首先，我要感谢我的爸爸、妈妈，是你们养育和教育了我。你们朴实、善良、勤劳的传统美德让我懂得了如何做一个诚实、勤奋、孝顺的人。

我要感谢所有支持我、帮助过我的亲人们。感谢我的爷爷、奶奶、外公、外婆这么多年对我的支持；感谢我的妻子一直在背后默默地陪伴和支持我的事业；感谢我的弟弟秦振波这么多年在我不在家的时候帮我照顾父母；感谢伍庆才，十年如一日地像亲人一样照顾我的家人；感谢大舅许桂平、姨妈银海英、小爷爷、伯伯，是你们在我最困难的时候，在我落难的时候还肯帮助我！你们的帮助教会我为人处世的道理。

我要感谢学生时代教导我的每一位老师：林秀英、吴乔胜、陆东珍、吴文高……感谢你们对我无私的教导，你们永远是我的老师。

我要感谢影响我、关心我、帮助过我的每一位学长、同学、朋友们：张国智、潘新昆、秦建德、秦奎、许志斌、滕海燕、周治娟、滕建谋、陈立明、郑满林、杜一心、何明华、张修武、曾庆松、付磊、廖建坤、廖长友、关燕琼、林福文、常友邦、熊艳、叶滢、曾瑞祯、周赟、罗进举、刘玉芳……感谢你们出现在我的生命当中，感谢你们对仁杰的支持和鼓励。

我要感谢在南宁和广州时鼓励、帮助、支持我的所有朋友、同事和学员们：潘泉霖、侯玉斌、翁承旭、王宥忻、黄清、蔡兴志、戚剑强、曾仕涵、陈浩南、陈宴洲、齐巍、邓乾文、郑吉刚、王嘉浩、张红丽、康飞翔、刘晨曦、车文明、王洪平、林子杰、刘瑶……感谢你们，因为有你们的支持和帮助，才让我有今天的成果。

我要感谢这些年来影响我并与我同台演讲的每一位老师和前辈们：安东尼·罗宾、亚伯拉罕、马云、柳传志、史玉柱、雷军、王石、彭清一、张锦贵、陈安之、刘文华、刘一秒、林伟贤、余世雄、曾仕强、梁凯恩、张斌、李阳、冯晓强、吴文辉、刘景澜、康飞翔……是你们影响、改变了我，因为认识你们，从而激发了我内心的潜能，扩大了我人生的格局。我要感谢世纪华夏的所有会员、金融邦的所有学员、合伙人……是你们的支持让我们共同的事业得以快速发展，是你们给了我努力前行的动力。

我要感谢我在桂林创建公司时，曾经支持过我的所有朋友：刘伍、秦振兴、黄忠、刘国荣、张国智、吴祥辉、杜朋运……

我要感谢曾经帮助过我却没有留下名字的人，感谢你们对我无私的帮助和认同，哪怕仅仅是一个微笑、一个肯定的眼神。是你们的每一份爱，给了我无限的力量和勇气，让我走在路上的脚步更加坚定。

我要感谢曾经在我的生命中给我打击，让我成长的人。

我要感谢所有支持我的学员们，所有关心帮助过我的人，感谢你们，我将用最好的结果来回报你们。

我要感谢帮助我拟写、出版本书的畅销书作家莫庸先生。感谢大力支持本书的中国财富出版社。因为有你们，这本书才得以更加精彩、更有价值。

感谢出现在我生命中的所有人。昨天已经成为过去，未来的日子里，仁杰会用生命的力量从事自己热爱的事业，把大家对仁杰的支持，把所有老师的教诲、亲人的期望和我人生的使命化成爱的巨大能量，把仁杰向每一位世界大师学习到的世界级的理念和方法分享给更多热爱学习、渴望改变命运的朋友们。

最后，我要感谢正在读书的你。感谢你在众多的书中选择了这本书，感谢你给我机会与你分享我的人生经历和故事。对于我来说，所经历的一切成长、磨砺和蜕变都是我人生中的一笔财富。而我要借这本书将这笔财富分享给更多人。我希望那些正在创业路上的人通过读这本书，在遇到困难的时候知道自己并不孤独，通过我的故事，你们会看到更多的未来和无限的可能。再次感谢你，因为有你的支持，我才产生了影响更多人命运的动力。

可以关注我的私人微信号“qzw328”或者公众号“qrj_gz”，了解我的最新动态和学习金融及投融资的知识，书中的很多知识点和故事都来自我的微信号，也欢迎你能来我的新浪微博 http：//weibo.com/qinrenj或者腾讯微博 103208796，随时分享你读完本书的心得和体会，我的 22万微博粉丝里面希望有你的身影。

秦仁杰

2014 年 11 月 18 日

参加“总裁金融智慧”课程将会有五大感慨

1. 大多数企业不是缺钱，而是大块资金被切碎，资金整个周转率、利用率不高！
2. 不要一缺钱就想着借贷，会有更多的方法解决资金瓶颈。
3. 其实银行很愿意与你合作，只是你不懂得怎样跟银行洽谈！
4. 其实你的企业本身就是银行，只是你不会使用而已！
5. 学会打造现金流水库是小企业变成大企业最快途径！

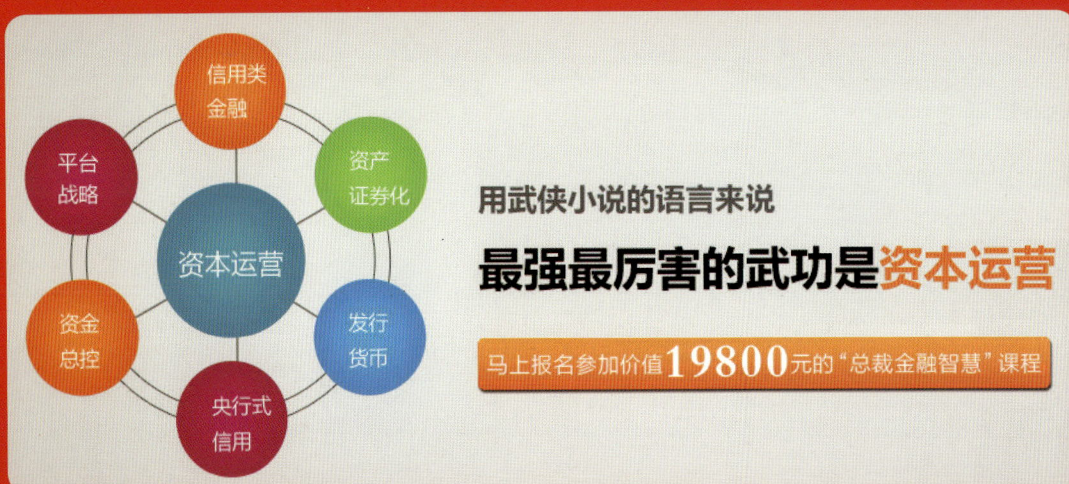

参加“总裁金融智慧”课程的收获

1. 如何让您的企业产品还没有开始销售，就已经收到上千万元的现金（忽视了这一点，你将会损失数以亿计的钱）？
2. 如果你的公司已开张 3 个月以上，那么你基本上就坐在一座金山上，但要开启这座金山，你需要三个秘诀：金融杠杆、时间杠杆、股权杠杆！
3. 为什么说每个企业都是一家可以印钞票的银行……以及实现这一目标必须具备的三大要素。
4. 什么绝招能瞬间让你的竞争对手俯首称臣，并确立你在这个行业的领袖地位，让竞争对手主动打电话投靠你？
5. 一种几乎完美的品牌扩张策略，让你的同行心甘情愿地来找你合作，而且你无需支出一分钱！
6. 如何能让你公司的员工 100% 地为公司付出，即使主动加班也不会计较薪酬？
7. 如何利用明星企业的信用来为你打造个人和公司的品牌，而且是免费的？
8. 每个企业都是一台印钞机，最重要的是如何把你印刷的纸币发行出去，如果你能掌握这个秘诀，你将终生不再为钱发愁！
9. 使用哪些手段才能让风险投资家请求你跟他合作，追着把钱送到你的面前，不管你要求的资金有多大？
10. 如何才能让企业低成本扩张直至成为行业垄断的巨无霸？
11. 深度揭露世界 500 强企业成功的秘密，其中包括特许经营、加盟连锁、系统复制、利益共享等体系。
12. 在市场上获得巨大成功的企业资本核心是如何运作的？